民族文字出版专项资金资助项目
མི་རིགས་སྐད་ཡིག་དཔེ་སྐྲུན་གྱི་ཆེད་དོན་མ་དངུལ་རོགས་སྐྱོར་རྣམ་གྲངས།

青少年核心素养丛书
གཞོན་ནུ་ལོ་ཆུང་གི་ཁྱར་ཚད་གསོ་སྐྱོང་སྙེ་བར་འཛིན་པའི་དཔེ་ཚོགས།

青少年雷锋精神教育手册
གཞོན་ནུ་ལོ་ཆུང་གིས་ལེ་ཧྥུང་སྙིང་སྟོབས་ལ་སློབ་སྦྱོང་བྱེད་པའི་སློབ་གསོའི་ལག་དེབ།

张丽◎主编
ཀྲང་ལི་ཡིས་བསྒྲིགས།

次旦旺久◎译
ཚེ་བརྟན་དབང་ཕྱུག་གིས་བསྒྱུར།

བོད་ལྗོངས་བོད་ཡིག་དཔེ་རྙིང་དཔེ་སྐྲུན་ཁང་།
西藏藏文古籍出版社

图书在版编目（CIP）数据

青少年雷锋精神教育手册 ：汉文、藏文 / 张丽主编 ；次旦旺久译． -- 拉萨 ：西藏藏文古籍出版社，2022.5

ISBN 978-7-5700-0712-7

Ⅰ．①青… Ⅱ．①张… ②次… Ⅲ．①雷锋精神—青少年读物—汉、藏 Ⅳ．①D64-49

中国版本图书馆 CIP 数据核字（2022）第 066544 号

青少年雷锋精神教育手册

主　　编	张丽
责任编辑	次巴　赵保利
译　　者	次旦旺久
装帧设计	拉姆
出　　版	西藏藏文古籍出版社　邮政编码：850000 打击盗版：0891-6930339
印　　刷	三河市腾飞印务有限公司
经　　销	全国新华书店
开　　本	16 开（710mm×1 000mm）
印　　张	7
印　　数	01—3,000
字　　数	67.2 千
版　　次	2022 年 11 月第 1 版
印　　次	2022 年 11 月第 1 次印刷
标准书号	ISBN 978-7-5700-0712-7
定　　价	28.00 元

前　言

雷锋是20世纪60年代出现的英雄人物，他那种毫不利己、专门利人的精神在当时产生了很大的影响。雷锋在工作和生活中始终把祖国和人民的利益放在第一位，全心全意为人民服务，以奉献为乐，以吃苦为乐。在工作方面向最积极的同志看齐，在生活方面向水平最低的同志看齐。他在生活方面非常艰苦朴素，身上的衣服和袜子总是补了又补，从来舍不得乱花一分钱，却把积攒的钱捐到灾区去，捐给祖国最需要的地方。他把自己比成一颗小小的螺丝钉，积极发挥螺丝钉的作用，在自己的岗位上兢兢业业，在平凡的岗位上创造伟大。他对党和祖国无限忠诚，热爱伟大的祖国，愿意为社会主义和共产主义奉献自己的青春和宝贵生命。

雷锋精神永远不会过时，反而会随着时代的发展展现出新的风采，雷锋精神将在历史长河中绽放出最夺目、最耀眼的光芒。弘扬雷锋精神，自觉践行雷锋精神，我们永远在路上。

中小学生是民族的未来，是祖国的希望。中小学生的健康成长，是党的事业永葆生机和活力的重要源泉。当今社会给中小学生的成长提供了更为广阔的空间，同时也对中小学生的思想教育工作提出了更高的要求。中小学生正处在人生观、世界观、价值观形成和发展的时期，学习雷锋精神有助于他们树立正确的人生观和价值观。

中小学生是国家的未来，中小学生的思想走向关乎着国家未来的整个走向。所以雷锋精神教育要从小抓起，从现在抓起。加强中小学生思想品德教育，从小树立远大理想，从小热爱社会主义、热爱祖国，养成乐于助人、团结友爱的好习惯，成为一名合格公民，是非常重要的。本书为中小学生雷锋精神教育提供了框架和思路，是值得参考和借鉴的思想品德教育类读物。

སྔོན་འགྲོའི་གཏམ།

ལི་ཐུང་ནི་དུས་རབས་༢༠པོ་རབས་༨༠པའི་ནང་ཐོན་པའི་དཔའ་བོ་ཞིག་ཡིན་ཞིང་། ཁོང་གི་རང་དོན་སྤངས་ཏེ་གཞན་དོན་ལྷུར་དུ་ལེན་པའི་སྙིང་སྟོབས་དེས་སྐབས་དེའི་སྤྱི་ཚོགས་ལ་བག་ཆགས་བཟང་པོ་ཞིག་བཞག་ཡོད། ལི་ཐུང་གིས་ལས་ཀ་དང་འཚོ་བའི་ཁྲིད་ཐོག་མཐའ་བར་གསུམ་དུ་མེས་རྒྱལ་དང་མི་དམངས་ཀྱི་ཁེ་ཕན་ཨང་དང་པོར་བཞག་སྟེ། བློ་གཅིག་སེམས་གཅིག་གིས་མི་དམངས་ལ་ཞབས་འདེགས་ཞུ་བ་དང་། ལེགས་སྐྱེས་ནི་ནང་སེམས་ཀྱི་སྤྲོ་སྣང་ཞིག་ཏུ་འཛིན་པ། དཀའ་བ་སྤྱོད་རྒྱུ་དེ་བདེ་སྐྱིད་ཅིག་ཏུ་བརྩི་བ། ལས་ཀའི་ཐད་ཏུར་བརྩོན་ཆེ་ཤོས་ཀྱི་བློ་མཐུན་ལ་མིག་དཔེ་བལྟ་བ་དང་། འཚོ་བའི་ཐད་ཆུ་ཚད་དམའ་ཤོས་ཀྱི་བློ་མཐུན་ལ་མིག་དཔེ་བལྟ་བ། འཚོ་བའི་ཐད་ཁོང་གིས་དཀའ་སྤྱད་བབས་ཆགས་གནང་ཞིང་། ལུས་ཐོག་གི་གྱོན་གོས་དང་ཆང་ཤུབས་ཀྱང་ལྷན་པ་བརྒྱབ་ནས་གྱོན་ཏེ་རང་གིས་གཏོང་མི་ཕོད་པར་གསོག་འཇོག་བྱས་པའི་རྒྱུ་དངུལ་རྣམས་གིགས་ཁུལ་ལམ་མེས་རྒྱལ་གྱི་དགོས་མཁོ་ཆེ་ཤོས་ཀྱི་ས་ཆར་ཞལ་འདེབས་སུ་འབུལ་གནང་གི་ཡོད། ཁོང་གིས་རྟག་ཏུ་རང་ཉིད་གཅུས་གཟེར་ཚུང་ཚུང་ཞིག་ལ་དཔེར་བཟུང་སྟེ། གཅུས་གཟེར་གྱི་ནུས་པ་དང་འདྲ་བར་རང་ཉིད་ཀྱི་ལས་གནས་ལ་འབད་བརྩོན་ཏུར་ཐག་བཏང་ནས་ལས་གནས་དཀྱུས་མའི་ཐོག་རླབས་ཆེན་གྱི་མཛད་པ་བརྟོད་ཡོད། ཁོང་གིས་ཏང་ལ་བློ་དཀར་སེམས་དཀར་དང་རླབས་ཆེན་གྱི་མེས་རྒྱལ་ལ་དགའ་ཞེན་གནང་ནས་སྤྱི་ཚོགས་རིང་ལུགས་དང་གུང་ཁྲན་རིང་ལུགས་ཀྱི་ཆེད་དུ་རང་ཉིད་ཀྱི་ལང་ཚོ་དང་ཐ་ན་རྩ་ཆེའི་ཚེ་སྲོག་ཀྱང་ལེགས་སྐྱེས་སུ་ཕུལ་གནང་ཡོད།

ལི་ཐུང་གི་སྙིང་སྟོབས་དེ་ནམ་ཡང་དུས་རབས་ཀྱི་འགྲོས་ལས་རྗེས་ལུས་ཤོར་མི་སྲིད་ལ། དེ་ལས་ལྡོག་སྟེ་དུས་རབས་ཀྱི་འཕེལ་རྒྱས་དང་བསྟུན་ནས་ཉམས་འགྱུར་གསར་པ་ཞིག

མངོན་རྒྱུ་རེད། ལེ་རྒྱུང་གི་སྙིང་སྟོབས་དེ་ལོ་རྒྱུས་ཀྱི་ཚ་རྒྱུན་རིང་མོའི་ཁྲིད་བཀྲག་མདངས་འཚེར་ཤོས་དང་སྐྱེ་རྒྱུའི་འདྲེན་བྱེད་ཡུལ་དུ་བཀྲག་ཅིང་འཕྲོ་བའི་འོད་ཟེར་ཞིག་ཏུ་གྲུབ་པས་ང་ཚོས་ནམ་ཡང་ལེ་རྒྱུང་གི་སྙིང་སྟོབས་དར་སྤེལ་དང་ལག་ལེན་བསྟར་བའི་ལམ་བུའི་ཐོག་གནས་མུས་ཡིན།

སློབ་གྲྭ་འབྲིང་ཆུང་གི་སློབ་མ་ནི་མི་རིགས་ཀྱི་མ་འོངས་དང་མེས་རྒྱལ་གྱི་རེ་བ་ཡིན། སློབ་གྲྭ་འབྲིང་ཆུང་གི་སློབ་མ་བདེ་ཐང་དང་འཚར་ལོངས་ཡོང་བ་ནི་ཧ་ང་གི་བྱ་གཞག་ལ་ནམ་ཡང་སྐྱེ་སྟོབས་དང་གསོན་ཤུགས་སྟེར་བའི་འབྱུང་ཁུངས་གལ་ཆེན་ཞིག་ཡིན། དེང་གི་སྤྱི་ཚོགས་ཀྱིས་སློབ་གྲྭ་འབྲིང་ཆུང་གི་སློབ་མ་འཚར་ལོངས་ཡོང་བར་སྣང་ལས་རྒྱ་ཆེ་བའི་གོ་སྐབས་འདོན་སྤྲོད་བྱས་ཡོད་པ་དང་། དུས་མཚུངས་སུ་སློབ་གྲྭ་འབྲིང་ཆུང་གི་སློབ་མའི་བསམ་བློའི་སློབ་གསོའི་ལས་དོན་ལ་སྣང་བས་མཐོ་བའི་བླང་བྱ་ཡང་བཏོན་ཡོད། སློབ་གྲྭ་འབྲིང་ཆུང་གི་སློབ་མ་རྣམས་ནི་མི་ཚེའི་ལྟ་བ་དང་། འཇིག་རྟེན་གྱི་ལྟ་བ། རིན་ཐང་གི་ལྟ་བ་བཅས་ཆགས་པ་དང་འཕེལ་རྒྱས་འགྲོ་བའི་དུས་སྐབས་སུ་གནས་ཡོད་པས། ལེ་རྒྱུང་གི་སྙིང་སྟོབས་ལ་སློབ་སྦྱོང་བྱས་ཚེ་ཁོང་ཚོའི་ཡང་དག་གི་མི་ཚེའི་ལྟ་བ་དང་རིན་ཐང་གི་ལྟ་བ་འཛུགས་སྐྱུར་སྐུལ་འཁྲིད་བྱེད་ཐུབ་པ་སྨོས་མེད་རེད།

སློབ་གྲྭ་འབྲིང་ཆུང་གི་སློབ་མ་ནི་རྒྱལ་ཁབ་ཀྱི་མ་འོངས་པ་ཡིན་པ་དང་། ཁོ་ཚོའི་བསམ་བློའི་འཁྱེར་ཕྱོགས་ནི་རྒྱལ་ཁབ་ཀྱི་མ་འོངས་པའི་འཕེལ་ཕྱོགས་ཧྲིལ་པོ་དང་འབྲེལ་བ་དམ་ཟབ་ཡོད། དེར་བརྟེན་ལེ་རྒྱུང་གི་སྙིང་སྟོབས་ལ་སློབ་སྦྱོང་བྱ་རྒྱུ་དེ་ཆུང་དུས་ནས་དམ་འཛིན་བྱེད་དགོས་ལ་དུས་ད་ལྟ་ཉིད་ནས་དམ་འཛིན་བྱེད་དགོས། སློབ་གྲྭ་འབྲིང་ཆུང་གི་སློབ་མའི་བསམ་བློ་ཀུན་སྤྱོད་ཀྱི་སློབ་གསོ་རྒྱག་ཤུགས་ཆེ་རུ་བཏང་ནས་ཆུང་དུས་ནས་ རླབས་ཆེན་གྱི་ཕུགས་བསམ་འཛུགས་པ་དང་། ཆུང་དུས་ནས་སྤྱི་ཚོགས་རིང་ལུགས་ལ་དགའ་ཞེན་དང་མེས་རྒྱལ་ལ་དགའ་ཞེན། མི་གཞན་ལ་རོགས་རམ་དང་མཐུན་སྒྲིལ་མཛའ་བརྩེའི་གོམས་གཤིས་བཟང་

པོ་འཛགས་ཐུབ་པ་བཅས་བྱས་ནས་བྱང་ཚོད་ལྡན་པའི་སྤྱི་དམངས་ཤིག་ཏུ་འགྱུར་བ་བྱ་རྒྱུ་ནི་ཧ་ཅང་གལ་ཆེན་ཞིག་ཡིན། དེབ་འདིས་སློབ་གྲྭ་འབྲིང་ཆུང་གི་སློབ་མའི་རྒྱུད་ལ་ལེ་སྦྱང་གི་བསམ་བློའི་སློབ་གསོའི་སྒྲོམ་གཞི་དང་བསམ་ཕྱོགས་མགོ་འདྲེན་བྱས་ཡོད་པས། དཔྱད་གཞིར་འཛིན་རིན་ཡོད་པའི་བསམ་བློ་ཀུན་སྤྱོད་ཀྱི་སློབ་གསོའི་ཀློག་དེབ་ཡག་པོ་ཞིག་ཡིན།

目 录

དཀར་ཆག

ལེའུ་བཞི་པ། མཐུན་སྒྲིལ་མཛའ་བརྩེ་དང་རང་གཙུན་རང་སྡོམ།

ལེའུ་ལྔ་པ། ཁ་ཡོད་ལག་ཡོད་ཀྱི་ལས་བརྩོན་སྙིང་སྟོབས།

ལེའུ་དྲུག་པ། ལོ་ཆུང་ལ་སློབ་སྦྱོང་དང་ལོ་ཆུང་གི་སྙིང་སྟོབས་དར་སྤེལ་གཏོང་བ།

第一章

树立远大理想和目标

树立远大理想和目标，积极参加社会主义建设，全心全意为人民服务，这是雷锋一生的真实写照。他用自己的生命书写对党和祖国的热爱；他用自己的青春谱写社会主义建设的华丽乐章。他虽然是个普通士兵，但他也是一个伟大的共产主义战士。

忠于祖国忠于党

雷锋对祖国和党的无限忠诚体现在踏踏实实、兢兢业业地工作中；雷锋对祖国和党的无限忠诚体现在克己自律与团结友爱的为人处世上；雷锋对祖国和党的无限忠诚体现在厉行艰苦奋斗、弘扬勤俭节约的生活作风上；雷锋对祖国和党的无限忠诚体现在全心全意为人民服务中。作为一名党员，就要忠诚于祖国，忠诚于人民；作为一名劳动者，就要忠诚于岗位，忠诚于职业；作为一名学生就要忠诚于学习，忠诚于本位。

雷锋始终保持着对党和祖国的无限忠诚，他是一名伟大的共产主义战士。他在自己的工作和生活中，始终将祖国和人民的利益放在第一位，积极投身于社会主义建设。他将个人理想与社会主义共同理想紧密结合在一起。他把社会主义共同理想和共同目标作为自己行动和奋斗的指南；把社会主义共同理想和共同目标作为自己神圣的信仰；把社会主义共同理想和共同目标作为自己最高的理想和追求；把社会主义共同理想和共同目标作为实现自己的个人价值和社会价值的基础和动力；把社会主义共同理想和共同目标作为促进自己不断学习、不断进步的动力和源泉。

有一年，夏天快到了，部队里发放夏天的衣服，每人都可以领两身单军装和衬衣，两双胶鞋。大家都开心地去领新衣服，但是雷锋领的时候却说："给我发一套军装、一件衬衣和一双胶鞋。"物品发放人员很奇怪，问他为什么只要一套。他说："我身上的军装虽然旧了，但缝缝补补还可以接着穿，没有必要再浪费一套衣服，并且现在穿的衣服也比我小时候穿的衣服好很多了！剩下的一套衣服交给国家吧！"

雷锋把忠于祖国忠于党作为自己的基本要求；把忠于祖国忠于党作为实现个人价值和社会价值的基础和动力；把忠于祖国忠于党作为促进自己不断学习、不断进步的动力和源泉。全心全意为人民服务是我党的根本宗旨，雷锋把全心全意为人民服务看作是自己的责任和义务，积极地帮助群众解决生活和工作方面的困难。

为共产主义奋斗

活着就要全心全意为人民服务，活着就要为了人类的解放事业而奋斗，活着就要为了共产主义事业而奋斗。雷锋是这么说的，同时他也是这么做的。献身于共产主义伟大事业是雷锋的执着追求；献身于共产主义伟大事业是雷锋的崇高信仰；献身于共产主义伟大事业是雷锋的行动指南。

一次，雷锋准备去外地工作，当他背起背包走过地下通道时，看见一位满脸皱纹的老大娘拄着一根木拐棍，身上背了个很大的包袱，非常艰难地向前走着。雷锋紧跑几步赶上前问道："大娘，您这是一个人去哪儿啊？"老

人气喘吁吁地说："俺从关内来，准备到抚顺去看儿子！"雷锋听到老大娘跟自己同路，真是太巧了，立刻把老大娘的大包袱拿过来背到了自己的身上，还用一只手扶着老人说："走，大娘，我送您到抚顺去看您的儿子去。"老人感动极了，一口一个"好孩子"地夸他，夸得雷锋觉得很不好意思。

雷锋和老人一起上了火车，他把大娘安排到了自己的座位上，然后自己就站在大娘的边上，把刚买来的糕点塞在大娘手里，老大娘往外推着说："孩子，我不饿，你吃吧！""别客气，大娘，吃吧！先垫垫肚子。"雷锋说道。

"孩子"这个亲切的称呼，给了雷锋莫大的感动，他觉得这就像母亲叫着自己小名似的那样亲切，已经好久没有人叫过他"孩子"了，一瞬间，竟有些泪眼婆娑。他在老大娘身边，和老人家唠起了家常。老人说，她儿子是工人，出来好几年了，其间一次家也没有回去过。

她是第一次来，还不知道她儿子住在什么地方呢？说着，掏出一封信，雷锋接过一看，上面的地址他也不认识。

老大娘很焦急地问雷锋："孩子，你知道这地方吗？"雷锋虽然不知道这个地方，但他知道老人找儿子的急切心情，就说："大娘，您放心，我一定帮助您找到这个地方。"到了抚顺，雷锋背起老大娘的包袱，搀扶着她，问了很多当地人，找了两个多小时，才找到老人的儿子。母子一见面，老大娘就对儿子说："多亏了这位解放军同志，不嫌我这个老太婆麻烦，陪着我东奔西跑的。要不然，我现在还找不到你呢！"母子一再感谢雷锋。雷锋却说："您太客气了，不用谢，这是我应该做的。"雷锋见老大娘找到了自己的儿子，这才放心地离开。

确立共产主义理想，是雷锋树立远大理想的根本前提。理想是一个人行动的根本方向和目标，是一个人前进的动力。没有理想的人，就像是大海上没有罗盘的小船，没有方向，没有目标，漫无目的，随风漂泊，漂到哪里就在哪里。没有理想的人如同行尸走肉，活着没有任何美好可言，体会不到奋斗的艰辛，也体会不到收获的喜悦。有理想的人总是激情满满，斗志昂扬，他们的人生是充实的。

雷锋信仰共产主义并为之奋斗终生，为我们树立了光辉的典范。作为中小学生，我们应该向雷锋学习，从小树立伟大理想和目标，脚踏实地，开启自己崭新的人生旅程。

热爱社会主义

雷锋用自己的实际行动表达着对社会主义的热爱和对共同理想、目标的执着追求。雷锋之所以伟大，是因为他能够把自己的个人理想和社会主义共同理想、共同目标联系起来，能够把各种琐碎的小事和为人民服务联系起来，同祖国和民族的利益联系起来。雷锋心系社会主义高楼大厦的建设，自己愿意做其中的一砖一瓦，为社会主义建设贡献一份自己的力量，在平凡的岗位上创造伟大。

雷锋虽然是一个普通士兵，但他有着高度的集体意识，总是把集体的利益和荣誉放在第一位，把自己的得失和个人利益放到最后一位。雷锋，深深地热爱着社会主义；雷锋，用自己的实际行动表达着对社会主义的热爱；雷锋，用自己的一生昭示着对社会主义和共产主义的忠诚信仰。

“我会服从革命需要，革命需要我去烧木炭，我就去做张思德；革命需要我去堵枪眼，我就去做黄继光。”这是雷锋向组织表明的态度。

后来，雷锋担任了本溪路小学的校外辅导员，雷锋平时工作和学习总是很忙，他只能利用午休时间或风雨天不能出车的日子请假到学校去和老师、

同学们交流，或进行其他辅导活动。他和小朋友开心地学习玩耍，鼓励他们要好好学习、天天向上。雷锋以高度的使命感和责任感，辛勤培养下一代。组织上为表彰雷锋的精神，号召大家向雷锋学习，给雷锋发了一个奖状，上面写着："奖给优秀辅导员雷锋同志，保持光荣，继续前进。"正是雷锋这种一心一意为人民服务、无私奉献的优秀品质，让抚顺人民牢牢地记住了雷锋。

雷锋就是这样把自己的命运和祖国的社会主义建设紧密地联系在一起，让自己的青春奏出美丽的乐章；雷锋就是这样，让自己的生命之火为祖国燃烧，让自己的青春绽放出爱国主义的夺目光彩。

我国社会发展到现在已经取得了长足的进步，各项事业都取得了巨大的成就。我们中小学生要高举社会主义旗帜，热爱社会主义，为实现中华民族的伟大复兴而努力学习。

一颗红心永远向着党

雷锋热爱党并忠诚于党，一颗红心永远向着党。他是社会主义建设的一滴水、一块砖，随时响应祖国的号召，坚决听党的话，一辈子跟党走，跟随党的步伐，党指向哪里他就冲向哪里。

一次，雷锋听说建设街小学六年级有个小朋友，人很聪明，很活泼，就是调皮得太出格了，整天打打闹闹不好好听课，都六年级了还没加入少先队，大家都不喜欢和他玩。雷锋知道了这件事，就说服其他的小朋友们："这位小朋友是你们的同学，大家有责任帮助他。他功课不好，要积极欢迎他参加学习小组，帮助他好好学习，怎么能不和他玩呢？"其他的小朋友们说："他不听老师和同学们的话，怎么帮助他呀！"雷锋说："不要紧，我们一起想办法。"

从这以后，雷锋就经常和这位小朋友交流，给他讲故事，跟他谈心，约他到宿舍来一起学习。经过雷锋和老师的教育以及其他小朋友们的帮助，这个孩子逐渐克服了爱玩爱闹的缺点，学习也进步了。当他第一次戴上红领巾，见到雷锋的时候，他紧紧拉住雷锋的双手，激动地说："雷锋叔叔，我加入少年先锋队啦！"雷锋也十分开心，这个调皮的小家伙在自己的悉心教导下终于走上正路了。

雷锋热爱党并忠诚于党，积极响应党和祖国的号召，到祖国最需要的地方去。他觉得作为一个革命者活着就应该为了革命奉献毕生的精力，一个革命者应该毕生都为人类的解放事业而奋斗，一个革命者活着就应该为了共产主义事业付出全部。活着的目的只有一个，就是做一个对人民有用的人，为人民生，为人民死。

中小学生是祖国的希望和未来，我们应该像雷锋那样，热爱党，坚持中国共产党的领导，坚决响应党的号召，跟党走，为实现中华民族的伟大复兴而奋斗！

弘扬爱国主义精神

在几千年的历史传统文化中，我国形成了以爱国主义为核心，团结统一、爱好和平、勤劳勇敢、自强不息的民族精神。爱国主义是一种崇高的思想品德。爱国主义精神形成于我国几千年的历史过程当中，大力弘扬爱国主义精神是当代的主旋律。

雷锋有着强烈的爱国主义精神，他把平凡的工作和远大的理想联系起来，一心一意为人民服务。他在日常各种琐碎的小事中、在平凡的岗位上燃烧着自己，为社会主义建设贡献着自己的一份力量。

一个中秋节的晚上，月光十分皎洁。连队的各个班都到后勤处那里领了月饼，每人一份。战士们边吃边聊天，有说有笑，庆祝中秋节的气氛洋溢在空中。雷锋也领到了四块月饼，但他并没有像其他同志一样马上吃完这些月饼，而是将月饼捧在手中发起呆来。

不一会儿，他悄悄地离开了这个热闹的场地，躲到车场哭了起来。在这个团圆的夜晚里，那皎洁的月光，习习凉风，眼前的美好的情景让他想起了自己的爷爷奶奶、爸爸妈妈、哥哥弟弟，想起他们在旧社会受尽了各种折磨，想起了爸爸、哥哥和弟弟那悲惨的命运，他不禁喃喃道："要是我父母能活到今天多好啊，看到自己的儿子成了人民的战士，翻身做了国家的主人，一定会开心不已的。他们没有亲眼看到我现在所经历的一切，真是可惜啊！"雷锋回到宿舍后，拿出一张纸，小心翼翼地将四块月饼包了起来，写了一封真挚的慰问信，上面是如此写的："亲爱的阶级弟兄、为祖国社会主义建设而负伤的以及因病需要休养的同志，人民送给了我四块月饼，这让我想起了小时候的艰苦生活，更让我体验到了现在生活的幸福。所以，我很自然想起了你们。这是一个战士的心意，请你们收下吧。"次日，他来到部队驻地医院，把那月饼连同已经写好的慰问信，送给了为社会主义建设而受伤或者生病的同志。伤病员分吃了他的月饼，给他写了一封感谢信，表示要好好养病，争取早点出院，在生产战线上作出更大成绩，以报答阶级弟兄的关心。

雷锋身上具有的爱党爱国爱人民的优秀品质，体现了那个时期的青年们的理想和追求，这些优秀品质凝聚成了具有鲜明特色的时代精神，这就是爱国主义精神。

中小学生学习和发扬爱国主义精神是践行社会主义核心价值观的基本要求，有利于培养他们的德、智、体、美等全面发展，也有利于培养他们实现中华民族伟大复兴的中国梦。

第二章

全心全意为人民服务

一个人活着就应该为国家富强奋斗，一个人活着就应该有伟大的梦想。雷锋的一生，是全心全意为人民服务的一生，是高尚的一生，是光辉的一生，他的一生实现了人生的最高价值。雷锋永远是我们学习的榜样。

知道怎样做人和为谁活着

懂得怎样做人，并且懂得为什么活着，才能更好地实现人生价值。雷锋在日常学习和工作中，通过不断学习、认真反思，总结出了关于这两个问题的核心和实质，懂得了怎样做人，为谁活着，解决了自己的人生观问题，也明白了自己的人生价值和意义。

有一年的夏天，东南沿海形势有些紧张，雷锋所在的部队接到上级命令，要求参与这次行动。雷锋听说以后很是激动，写了一份要求到前方参与作战的请战书，准备交给连长。当时雷锋在外地执行任务，执行完任务之后，雷锋连夜从山区赶到了部队所在地。到了连队，已经是深夜了。雷锋趁着夜色看到车场停了一排崭新的卡车，上面都盖着一层绿色的伪装网。雷锋脑子里立马闪过一个念头，部队有行动！雷锋摸了摸自己怀里的请战书，心想回来得刚刚好。值班员告诉他，上级决定抽调这几辆卡车和部分优秀的驾驶员连夜出发，到福建前线去执行任务。雷锋连忙问：“驾驶员都有谁，现在确定了没有？”值班员说：“你没看见连队会议室这会儿还亮着灯？党支部领导正在研究做决定。”雷锋急忙跑到会议室敲门，向连长请示让他去前线。连长笑着说：“你这不是刚从山区前线回来吗，现在怎么又请求去前线？”雷锋说：“我请求去福建前线。”雷锋说着掏出了怀里的请战书，说：“连长，你应该了解我此时此刻的心情，我迫切想上前线杀敌，希望你能理解。”连长拍了拍雷锋的肩膀说：“你的心情，我们是理解的。”原来组织已经确定了去前线的人员，但是拟定人员里面没有雷锋。连长看了雷锋的请战书，让他先回去休息，并且提醒雷锋：“你应该明白咱们的工作是需要考虑全局的，况且现在的情况有些复杂，前方和后方都需要我们。”

这个夜晚非常安静，雷锋躺在床上，却毫无睡意。他躺在床上反复琢磨着连长的话。他想通了，在社会主义革命的进程当中，每个人都像社会主义这个大机器上的一颗螺丝钉，而机器需要很多的螺丝钉的连接和固定才能正常运作，才能成为一个坚实的整体。小小的螺丝钉虽然毫不起眼，但是它发挥出的作用是不可估量的。没有螺丝钉，就没有整台机器的运转自如。雷锋愿意做这台机器上的一颗螺丝钉，为社会主义国家的建设贡献一份自己的力量。雷锋想着想着，看到曙光从窗外透了进来，他心里也顿时豁然开朗了。一个战士只要能保卫人民安居乐业，不管在前方和后方都一样在战斗。天亮以后，雷锋找到连长，向连长汇报自己的思想斗争过程，说：“连长我想通了，不论前方和后方，都是我们的战场！”连长满意地说：“我就知道你自己会想通的。”调往前线的卡车出发了，雷锋和其他同志送行后又积极地投入到工作当中去了。

雷锋的助人为乐、无私奉献、艰苦奋斗、大公无私，都集中展现了他全心全意为人民服务的精神境界。雷锋懂得怎样做人和为什么而活。我们作为中小学生，也要向雷锋学习，懂得我们生命的意义是为了让我们和祖国的明天更美好!

人生价值的实现在于奉献

毛主席提倡为人民服务，雷锋便时时刻刻牢记在心。时刻执行，时刻帮助有需要的人，时刻为老百姓送去温暖。全心全意为人民服务是我党的根本宗旨，奉献精神也是我党号召的重要内容。雷锋同志作为一名党员，时刻响

应党的号召，并且化为实际行动。

有一次，一个战友没有日记本了，雷锋听说后，立马把一本崭新的日记本送给了他。虽然这只是一件很小的事情，但从这些点点滴滴小事可以看出雷锋愿意把自己的一切东西包括生命献给党和人民。永远愉快地多给别人，少从别人那里拿东西。这种共产主义精神，在雷锋的实际行动中得到了贯彻，并且他始终如一地坚守着。雷锋就是这样，总是把人民和祖国的利益放在第一位，为了祖国和人民甘愿付出自己的一切，甘愿为了社会主义和共产主义奉献自己的青春和生命。

人生的价值在于奉献，奉献的人生才是有意义的人生。衡量一个人的人生价值在于一个人对社会所作的贡献。雷锋的一生，是奉献的一生、是有意义的一生。我们中小学生要学习雷锋的奉献精神，从小明白人生的价值在于奉献。

帮助别人　快乐自己

助人为乐是中华民族的传统美德。雷锋一直把助人为乐作为自己行动的标准，把帮助别人当作自己的快乐。他愿意把自己所有的东西都给别人，愿意多帮助别人，愿意把自己的生命和青春都奉献给祖国和人民。

一次，雷锋外出在某个车站换车的时候，一出检票口，发现一群人在看一个背着小孩的中年妇女，经过打听知道这位妇女准备去外地看丈夫，车票和钱被人偷了。雷锋拿出自己的钱买了一张火车票塞到大嫂手里，大嫂十分感动，含着眼泪说：“大兄弟，你叫什么名字，是哪个单位的？”雷锋回答：“我叫解放军，就住在中国。”说完，他便消失在了人群中。

雷锋这样时时刻刻、永不停歇地为人民服务，助人为乐的精神永远值得人们学习。我们作为当代中小学生，也要学习他那助人为乐的品质，看到别人有困难时，要尽己所能去帮助他人。帮助他人，快乐自己。

个人利益服从集体利益

我国现在实行的是社会主义市场经济体制，社会主义市场经济体制反映的是我国最广大劳动人民的集体利益。市场经济强调按劳分配为主体，多种分配制度并存的分配制度，多劳多得，少劳少得。社会主义市场经济个人利益和集体利益从根本上来说是一致的，集体利益是个人利益和局部利益的保障，实现了集体利益才能有效保护个人利益的实现，实现了集体利益也就是实现了个人利益，没有集体利益也就没有所谓的个人利益。因此，社会主义市场经济的实质仍然是集体主义，而不是个人主义。

有一年的夏天，部队所在地的天气骤变，接连几天都是暴雨倾盆，当地发生了洪水灾害。洪水淹没了庄稼，淹没了公路，淹没了低处的一些房子，人民的生命财产安全受到严重的威胁，当地的建筑工程和其他生产活动不得不停止了。部队接到上级抗洪抢险的命令，运输队的汽车都已经整装待发，领导在传达命令、分配任务时考虑到雷锋的身体情况，决定让雷锋留在部队做好值班工作。雷锋听到以后，立马找领导反映，说道："这么重要的时刻怎么能把我留在部队值班呢？我不要照顾，我坚决请求和其他同志一起去抗洪救灾。"领导说："你手上的伤还没好利索呢，怎么能去抗洪抢险呢？"雷锋一下子把手上的绷带扯下来，"领导请看，已经快好了。"

雷锋手上的伤是怎么回事呢？前几天营区外的一栋木板房子着了火，他看到以后就奋不顾身地去救火，导致手上轻度烧伤。在雷锋的坚持下，领导同意了他去一线抢险救灾。就这样，雷锋和部队的其他同志来到了当地的水库，他们到的时候水库周围已经有一支抗洪大军，成千上万的人在与咆哮的洪水进行着激烈的斗争。

当天晚上电闪雷鸣，风雨交加，大雨滂沱，水库的水位不断上涨，眼看就要没过大坝了。指挥部领导立即作出决定，要连夜挖掘排洪渠道，宁可淹掉部分庄稼，也要保证人民的生命和财产安全。雷锋所在的部队接受了挖掘排洪渠道的任务，全体同志齐心协力地连夜奋战起来。雷锋已经忘了身上的伤痛，和战友们一起站在没过膝盖的泥水里顶着风冒着雨挥舞着手中的铁锹奋力挖掘排洪渠道，恨不得一下子就把排洪渠道给挖通。

就在这时候，坝上的一大片泥土被暴雨哗地一下冲下来，砸中雷锋，把他手中的铁锹也冲走了。雷锋弯腰去找铁锹，因为当时天黑雨大，找了半天没有找到，雷锋干脆不找了。没有铁锹，雷锋就用手挖泥，挖一块往上甩一块，弄得他全身上下都是泥水。就这样雷锋挖了好长时间，才觉得手上阵阵疼痛，趁着昏暗的灯光一看，原来是受伤的手磨破了。身边的一个同志发现了雷锋

的手流血了，劝他快去卫生所包扎一下，但是雷锋说什么也不肯去。挖掘排洪渠道的任务刻不容缓，怎么能因为这点小伤而下火线呢？雷锋继续奋战着。领导发现了雷锋手中没有铁锹，而是在用手挖泥，本来想把手中的铁锹递给雷锋，但是又想了一下，雷锋最近的身体不太好，应该想个办法让他去休息休息，于是高声喊道："雷锋！你去广播站把抗洪抢险的好人好事给好好宣传宣传。"雷锋说："是。"他登上大坝立马跑向了播音棚，他看到一个同志在雨中奔跑着执行任务，没穿雨衣，于是把自己身上的雨衣脱下来给这位同志穿上，才去广播了。

在社会主义市场经济下，要注重兼顾集体利益和个人利益，大力弘扬雷锋精神，就是个人利益在重大事件发生时要服从集体利益。我们中小学生在日常生活中，要有集体荣誉感，多参加社会公益活动，做一名好学生。

第三章

勤俭节约与艰苦朴素

勤俭节约和艰苦朴素是中华民族的传统美德，雷锋在工作和生活中将这两种美好品德发挥得淋漓尽致。艰苦朴素与勤俭节约是雷锋精神的真实写照，也是我们应该继承和发扬的。

勤俭节约

勤俭节约是中华民族的传统美德，也是我们应该从小培养的好习惯。勤俭节约主要指两个方面的内容，一方面是指勤劳、勤奋，不怕苦、不怕累，另一方面是指节约、俭朴，也就是不铺张浪费，要珍惜别人的劳动成果。我们一贯提倡节俭，以勤劳节俭为荣，以铺张浪费为耻。

勤俭节约是我们每一个中华人民共和国公民都应该继承和发扬的优良传统，我们应该将其发扬光大。不勤俭节约，而崇拜奢侈靡费的生活，是应该被我们所厌恶和摒弃的。

雷锋是个勤劳节俭和艰苦朴素的好同志，在劳动过程中有着火炉一般的热情。在鞍山钢铁厂，由于雷锋个子小，主任让雷锋开一台小的挖掘机。但

雷锋知道后，坚决要开大的挖掘机，主任经不住他的软磨硬泡，最终同意让他开一台大的挖掘机。由于机台比较高，坐着开看不到铲子，站着开脑袋又顶到了车棚，所以雷锋只能猫着腰开，这样一天下来，雷锋经常累得腰酸背痛。大家都劝他还是开小的吧，但是他坚决不同意，说自己有十分的力气，坚决不使九分九的力气。

在开挖掘机过程中，铲子在铲煤的时候难免会铲到土渣，他就十分仔细地将土渣挑出来。他还苦练挖掘机挖掘技术，尽量让铲子铲不到土渣。他从来都不会计较个人得失。即使上班已经很辛苦了，他还要在下班之后为组织和战友做一些力所能及的事情，以集体主义为原则，以帮助别人作为自己的快乐，以奉献祖国、奉献集体、奉献社会为自己的光荣。

雷锋这种勤劳节俭、艰苦朴素的精神赢得领导和群众的一片好评，这种精神在我们当代社会也有很大的参考和借鉴意义，仍然需要发扬这种精神，发扬艰苦朴素和勤劳节俭的优良生活作风，并且将这种精神传承下去。

“一粥一饭，当思来之不易；半丝半缕，恒念物力维艰。”在日常生活中，我们应该节约用水用电，做到人走灯灭，随时关掉正在流水的水龙头，不浪费粮食等。

雷锋的苦乐观

有的人认为，一个人活在世界上能够吃好、穿好、住好，过好自己的小日子，就是幸福的。而雷锋同志认为，只有勤奋劳动，发愤图强，用自己的双手创造出财富，让老百姓过上好日子，让人民过上富足的生活，为共产主义事业奋斗，为国家奉献自己的一切才是幸福的。

雷锋平常有什么东西坏了，他就修修补补继续用，从来都不占公家和组织的便宜。他的衣服和袜子上都打满了补丁，还继续穿。有的同志问他为何这么艰苦朴素，他说反正自己是一个人，不需要留财产给子孙后代。

部队每个月都发津贴，他也舍不得花掉，而是先存起来，捐赠给灾区人民和祖国有需要的地方。因为他觉得奉献是快乐的。雷锋以吃苦为乐，以奉献为乐。

雷锋同志的苦乐观，源于他能够正确看待人生中的得失取舍，不以物喜，不以己悲，心甘情愿地在自己的岗位上默默奉献，全心全意为人民服务。

作为中小学生，我们在生活中应该艰苦朴素，不要铺张浪费，不和其他同学攀比，根据自己家庭实际情况合理消费；节约粮食，珍惜别人的劳动成果；节约用水用电，及时关掉不使用的电器，拧好水龙头，不浪费水资源，等等。

正确的金钱观

在金钱面前，雷锋没有任何计较。

有一年，雷锋来到鞍钢工作，领导安排他当推土机手，但是只能按照学徒工的标准给他工资。雷锋当时已经是一个成熟的挖掘机手，当领导问他有没有意见时，他不假思索地回答："我来这里不是因为钱才来的，我是为了参加社会主义建设才来的。"工资多少并没有影响到他对工作的热情和积极性。他还是像以前一样，无比热情地投入到工作当中。

雷锋的生活非常简朴，平常自己连一瓶汽水都舍不得买，袜子和衣服总是补丁连着补丁，穿得很旧了也舍不得扔，还在继续穿着。却把省吃俭用节省下来的钱存下来，捐到祖国最需要的地方去。

雷锋说，生活不能离开钱，但人不能为了钱而活，要把人民给自己的钱用到人民的身上去。雷锋这么说了，同时他也这么做了，他用自己的实际行

动证明了一名共产主义战士最崇高的信仰和执着追求。他的这种金钱观值得我们学习。

在日常生活当中，我们生活的方方面面都离不开金钱。现在我们还小，有父母为我们的衣食住行各方面的花费来买单。但是我们必须明白金钱的来之不易，这是父母的血汗钱，是父母通过他们的辛勤劳动换来的。所以，我们必须向雷锋同志学习，从小树立正确的金钱观。

第四章

团结友爱与克己自律

团结友爱和克己自律是处理人际关系的重要法则，也是雷锋做人的原则。他对待同志总是像春天般温暖，他时时刻刻严格要求自己，全心全意为人民服务。

对身边的同志团结友爱

雷锋在个人日记中写道：对待同志要像春天般温暖，对待工作要像夏天般的火热，对待个人主义要像秋风扫落叶一样，对待敌人要像严冬一样残酷无情。

一次，雷锋和战友在湘江边上干活，大家在完成当天任务后都回去休息了，雷锋却依然还在工作。由于接连下了几天暴雨，湘江的水位暴涨，马上就要决堤了，雷锋不顾个人安危，三步并作两步地飞奔到生活区，通知当地群众

赶紧转移。

在他的帮助下，群众顺利转移到安全的地方。大家看着脚下汹涌的江水飞奔，心里很是庆幸。多亏雷锋，大家才幸免于难。雷锋在千钧一发之际，帮助大家脱离了险境，保护了人民的生命和财产安全。

我们应该向雷锋同志学习，看见其他同学有困难的时候，要热情主动地帮助他们。和同学之间和睦相处，团结友爱，主动去干别人不愿意干的事情，自觉树立集体意识，做讲文明懂礼貌的好少年。

在生活当中，比如在公交车上要主动给有需要的乘客让座。当有人向你求助时，应该尽力去帮忙，或者去寻求大人和老师的帮助。

严于律己

严于律己指的是要严格要求自己。你对自己的要求决定了你会成为一个什么样的人。你如果有远大的志向，你就是一个追求卓越的人；如果你不思进取，你这一辈子注定平庸；你严于律己，你就会养成一个好习惯而收获成功的人生。

雷锋刚进入部队的时候，和其他年轻人一样，有他不成熟的一面，但他会虚心接受领导的批评，以及他人的善意提醒。有一个星期天，他没有请假就去街上照相去了。回来以后，指导员便找他谈话，问他为什么没有请假外出。他说他以为星期天是可以自由活动的。

指导员便狠狠地批评了他，部队是一个集体，是有组织、有纪律的，如果没有了组织和纪律，那么部队就如同一盘散沙，还怎么和敌人战斗？

雷锋听了以后，非常诚恳地向指导员道了歉，并且保证以后不会再犯了。回去以后，雷锋便在自己的日记本上记下了要时刻严格要求自己，戒骄戒躁，

时刻反省和检点自己的行为的内容。他是这么想的，也是这么做的。

雷锋能够严格要求自己，不骄不躁，积极地把自己融入集体中，并且虚心地接受他人的意见和建议。时刻提醒自己，要不断学习和进步；时时鞭策自己，从而不断进步，为人民和社会积极奉献着自己。

我们在生活和学习当中，也应该注意时刻严格要求自己，规范自己的思想和行为。雷锋也会犯错，但是当他犯错以后，他会接受别人的批评，并及时改正，虚心向别人学习。正因为雷锋在工作和生活方面严格要求自己，他才会不断进步，不断成长。

谦虚的精神

谦虚，是指一个人不夸大自己的能力或价值，不虚夸、不自负，并且在作出决定或采取行动之前，能够主动向他人请教或征求意见。雷锋在成长的过程中始终坚持谦虚谨慎、不骄不躁，他也始终牢记毛主席的教导：虚心使人进步，骄傲使人落后。我们应当永远记住这个真理。他在利益面前总是先别人后自己，在荣誉面前从不骄傲，从不自满。

一次，雷锋到弓长岭矿参加干部大会，他在自己的日记中写道："当我一走进会场，真把我吸引住了。会场布置得是那么庄严、美丽，上午9点钟会议正式开始。首先党委宣布了大会主席团名单，其中有我一个，当我走上主席台时，我那颗火热的心是多么激动啊！像我这样一个放猪流浪出身的穷孩子，今天能参加这样的大会，同时还把我选为主席团的团员。我是党的，光荣应该归功于党，归功于热情帮助我进步的同志们。"他还在日记中写过这样一段话："十多年来，我在党的不断培养和教育下，提高了政治思想觉悟，树立了为共产主义事业奋斗到底的雄心大志，因此在各项工作和学习中取得了一点点成绩，党和人民却给了我很大的荣誉。自从去年各报刊和广播电台介绍了我的情况以后，收到了全国各地许多青年的来信。

今天，党对我这样信任，同志们对我这样尊重，我一定要更加虚心，尊重大家，努力学习，忘我工作，时时牢记毛主席的教导，永远做一个人民的小学生。"从这些言语中可以看出，雷锋把自己的荣誉归结于党和组织的培养，面对获得的诸多荣誉，一再告诫自己一定要更加虚心。

那么，中小学生如何养成谦虚的好习惯呢？首先，无论在学习、生活中，中小学生都应该克服骄气和娇气。学习成绩好不能沾沾自喜，要懂得谦虚，认识自己存在的不足和缺点，不断地完善自我。生活中要多做一些力所能及的事情，克服一些娇生惯养的不良习惯。其次，中小学生自己也要认识到人外有人、天外有天。骄傲者都有一定的资本，对于中小学生而言，特长和优势最容易滋生骄傲心理。但是必须明白一点，你当前的优势只是未来发展的一个可能性，与身边的人比是优势，如果放到一个更广阔的环境中，就可能淹没在更多的优势者中。所以，即使有一定的特长，也要不断进取，以使特长发挥得更加淋漓尽致。

第五章

脚踏实地的敬业精神

正如雷锋所说：对待同志要像春天般的温暖，对待工作要像夏天般的火热。在工作中，雷锋投入了火一般的热情。他是一团熊熊燃烧的火焰，点亮了自己也引导着他人，无怨无悔。

爱岗敬业　从不抱怨

雷锋对待工作确实是像夏天般火热，再苦再累的工作他都能认真对待，积极投身于工作当中。对领导分配给自己的任务总是一丝不苟，尽职尽力地去完成。在工作当中总是投入很大的热情，不斤斤计较个人得失。宁愿自己苦点累点，也要保证工作按时按点完成，从来都不拖拉。对于自己分内的工作既要保证速度，还要保证质量。在完成自己的工作的同时，还去积极帮助其他有需要的同志。

雷锋参军后，被分到运输连当汽车兵，虽然没有心目中的冲锋陷阵，但正如雷锋说的，“服从革命需要，革命需要我去烧木炭，我就去做张思德；革命需要我去堵枪眼，我就去做黄继光”。这是雷锋向组织上表明的态度。

雷锋性格开朗，平时很活跃，教唱歌，办墙报，说快板样样都行，上级领导安排他参加战士演出队，他就起早贪黑地背台词，后来考虑到雷锋的湖南口音与大家的普通话不协调，影响演出效果，他就主动提出换下自己，而集中精力为演出做好后勤工作，大家虽没有看到雷锋的表演，但台上的每一个节目都包含着雷锋的辛勤劳动，和他那处处关心集体，一切服从工作需要的精神。

雷锋回到运输连后，便投入到紧张的学习驾驶技术之中去，针对缺少教练车的现状，他带领大家做了一个汽车驾驶台。雷锋废寝忘食地学习技术，被大家一致推举为技术学习小组长。五月份，雷锋成为了一名合格的驾驶员，被分到二排四班，交给一台13号车上了建设工地。对待自己的工作岗位，雷锋无比珍惜，永远用火热的态度对待它，将自己的全部热情和能力奉献出来，按照雷锋的话说，是“不拖国家的后腿。”

雷锋就这样把温暖带给了身边人，用火焰般的热情工作。雷锋总认为自己是祖国建设的一块砖，祖国哪里需要，他就去哪里。

我们中小学生是国家和民族的未来。学习雷锋爱岗敬业的精神，就是要在学校的时候做好一个学生的“本职工作”，好好学习，上课认真听讲，课后及时完成老师布置的作业，虚心学习，不断前行。

永不生锈的螺丝钉

雷锋把国家当成是一台不停运转的大机器，而每个人是这台机器上的一颗螺丝钉，每个人都发挥着不同的作用，每个人都应该坚守在自己的岗位上，完成社会和集体赋予自己的责任和使命。

雷锋的伟大在于他在平凡的生活中默默付出和坚守，雷锋的杰出缘于他在普通的岗位上

尽职尽责，默默完成社会和集体赋予他的责任和使命。

有一次，雷锋和张书记去乡下考察，他看到地下有一颗很不起眼的螺丝钉，就一脚踢开了。而张书记却批评了他，亲自把螺丝钉捡回来，擦干净，装进了衣服的口袋里。

第二天，张书记交给雷锋一个信封，没告诉他里面装的什么，只让他将信送到机修厂。雷锋到了厂里，厂长打开信封一看，里面只有一颗螺丝钉。厂长拿着这颗螺丝钉疑惑了许久，雷锋也觉得很奇怪，后来终于明白过来。厂长把车间主任和其他的同志喊来说："大家看到没有，这位新来的小同志，亲自把一颗小螺丝钉送到我们工厂里来。他这种勤俭节约、爱护集体的精神值得我们学习。"厂长说完，雷锋觉得很不好意思，脸红了。

第三天，这件事也让雷锋认识到了自身的不足，同时也促使他以后对待工作更加尽心尽责。

雷锋无论在哪个岗位上，都能尽职尽责，完成自己的工作。在现实生活当中，我们学习螺丝钉精神就是要完成一个学生应该完成的任务，好好学习，天天向上，做个讲文明懂礼貌的好学生。尊敬父母和老师，和其他同学团结友爱，和睦相处。帮助父母做力所能及的家务，体谅父母的不容易和难处。

第六章

学习雷锋，发扬雷锋精神

半个多世纪已经过去了，雷锋没有随着时代的远去而远离，他的名字仍然如同阳光一样温暖着人们的心灵。中小学生要积极开展学雷锋活动，发扬雷锋精神，做全面发展的一代新人。

学习雷锋精神，我们在路上

在当今时代，雷锋精神依然值得我们去学习，并且雷锋精神永远都不会过时。作为中小学生，我们应该时刻认识到，雷锋精神应该代代相传，学习雷锋精神是我们义不容辞的责任和义务。

看到“雷锋”二字，我们就会联想到热心公益、乐于助人、扶贫济困、见义勇为、善待他人、奉献社会等优秀品质。

某一天，李娜乘坐公交车时，在一个没有人坐的座位上发现了一个书包，

书包的主人可能已经下车了。她看到以后并没有把书包里的东西据为己有，而是想办法联系失主，她通过书包里的一张字条得知了失主的手机号码，并用自己的手机打了过去，将书包还给了失主。当书包的主人提出要给她回报的时候，她直接拒绝了。

在雷锋精神的鼓舞和影响下，我们身边不断有新的雷锋涌现出来，他们身上闪烁着中华民族的传统美德，他们是时代的楷模和典范，他们是我们学习的榜样。

学习雷锋　与时俱进

雷锋用他的生命去实现自己的诺言，即把有限的生命投入到无限的为人民服务当中去。榜样的力量是无穷的，雷锋精神使得整个时代都朝气蓬勃。

郭明义只当了五年的兵，但是他做过的好事是不计其数的。郭明义参军

入伍的部队驻扎在东北的一个山沟里。冬天来临时，当地天气非常寒冷。但是每天早上，郭明义总是天不亮就起床，不顾天寒地冻，去外面挑水。由于地面上结冰，道路非常滑，挑水过程中，水桶总是溅出水来，这水一洒在衣服上立马就结成了冰。

郭明义从来都不叫苦叫累，而是默默地为部队奉献着自己。在把水缸装满水之后，他还不闲着，他又忙着砍柴、生炉子、烧水，这样他的战友们起床后就能用上热水了。把自己班里的活儿都干完了，他又到别的班去帮忙，全排的活儿总是让他一个人全干了。

郭明义是当代的雷锋，他无私奉献，不计个人得失，把祖国和人民的利益放在首位，为了祖国的繁荣昌盛甘愿奉献出自己的力量。

我们中小学生学习雷锋精神，必须与时俱进，不能拘泥于表面化和流程化，而是要真正把握雷锋精神的实质和内涵。只有这样，才能在新的历史条件下面对新的问题，恰当运用和发挥雷锋精神，才能在具体的环境中学雷锋、做好事。

做好身边的小事

伟大出自平凡。雷锋做的事都是身边平凡的小事情，他走到哪里，就好事做一路。大家都称颂他“雷锋出差一千里，好事做了一火车”。做一件好事很容易，做一辈子好事就太难了，而雷锋就是做了一生的好事。

有一次，雷锋和新战士们一起去一个新的地方参加训练。一下火车听到敲锣打鼓声，原来这是在欢迎新兵的到来。新兵们一走过去，部队首长和其他同志就立刻过来欢迎雷锋他们，和他们一一握手，热情欢迎和接待他们。

雷锋被编入运输连新兵排，不久就开始了军事训练。雷锋所在班的班长是个扎实苦干的同志，他看雷锋个子小，力气不足，担心他受不了艰苦的训练。

在开班务会的时候，他提醒雷锋说："小雷呀，咱们革命战士都是互相帮助，你有什么困难就向集体反映，别自己一个人硬扛着。"雷锋高兴地回答："放心吧，班长，我什么困难都没有。"

不过真叫班长猜着了。练习投手榴弹的时候，教练弹在雷锋手里，就有点沉重了。几天来，他费尽了力气，投一次，不及格；再投一次，还是不及格。班长再三向他传授动作要领，他左体会、右琢磨，整整练了一上午，胳膊甩得生疼，还是不及格。

他决定加倍苦练，把所有的休息时间都搭上，达不到标准，决不罢休！

他一个人投来投去，一连投了几天，结果不但没有进步，反而越投越近了。雷锋急得连觉也睡不好，饭也吃不香。从班长的讲授中，他知道要想投弹投得远，全凭臂力。因此，他投一会儿手榴弹，就练一会儿单杠。天气很冷，寒风刺骨，他也不在乎。

实弹投掷的时候，雷锋拧开手榴弹盖，把小铁环套在指头上，纵身一跃，跳出了堑壕，冲过一段开阔地，猛力一甩，只听"轰"的一声，手榴弹恰好投进了"敌人"的碉堡，得了个"优秀"。

雷锋就是这样一个倔强的同志，不服输、不甘于落后。雷锋时常激励自己，工作要向最积极的同志看齐，生活水平要向最低的同志看齐。雷锋不光练习投掷手榴弹是如此认真，他做任何工作都坚持认真的态度，即使自己再苦再累，从来都不会给集体和组织拖后腿。

我们中小学生要学习雷锋做好身边的小事，并坚持不懈，在学习上要坚持不断进取，以优异的成绩来回报父母对我们的关爱，回报辛勤耕耘的老师们，不辜负他们的辛勤劳动。在好的成绩面前不骄傲自满，在表扬面前要谦虚，对自己提出更高的要求，从小树立远大的理想，不断为此努力。

ལེའུ་དང་པོ།

རྒྱང་རིང་གི་ཕྱུགས་བསམ་དང་དམིགས་འབེན་འཛུགས་པ།

རྒྱང་རིང་གི་ཕྱུགས་བསམ་དང་དམིགས་འབེན་འཛུགས་པ་དང་། སྤྱི་ཚོགས་རིང་ལུགས་ཀྱི་འཛུགས་སྐྲུན་ནང་ཧུར་ཐག་གིས་ཞུགས་པ། བློ་གཅིག་སེམས་གཅིག་གིས་མི་དམངས་ལ་ཞབས་འདེགས་ཞུ་བ་བཅས་ནི་ལེ་ཧྥུང་གི་ཚེ་གང་གི་གཏམ་རྒྱུད་ངོ་མ་དེ་རེད། ཁོང་གིས་རང་ཉིད་ཀྱི་ཚེ་སྲོག་ལ་བརྟེན་ནས་ཏང་དང་མི་རྒྱལ་ལ་བཅངས་པའི་དགའ་ཞེན་མཚོན་པ་དང་། ཁོང་གིས་རང་ཉིད་ཀྱི་ལང་ཚོར་བརྟེན་ནས་སྤྱི་ཚོགས་རིང་ལུགས་འཛུགས་སྐྲུན་ཁྲོད་འོད་སྟོང་འཕྲོ་བའི་ལེའུ་ཞིག་བརྩམས་ཡོད། ཁོང་ནི་དམག་མི་དཀྱུས་མ་ཞིག་ཡིན་ལ་རླབས་ཆེ་བའི་གུང་ཁྲན་རིང་ལུགས་ཀྱི་འཐབ་འཛིང་པ་ཞིག་ཀྱང་ཡིན།

མི་རྒྱལ་དང་ཏང་ལ་བློ་དཀར་སེམས་དཀར་ཡིན་པ།

ལེ་ཧྥུང་གིས་མི་རྒྱལ་དང་ཏང་ལ་བློ་དཀར་སེམས་དཀར་བྱེད་པའི་ཚོད་སེམས་དེ་ནི་ཏན་ཏན་ཏིག་ཏིག་དང་ཧུར་ཐག་འབད་ཐག་གིས་ལས་དོན་སྒྲུབ་པའི་ཐོག་ནས་མཚོན་གྱི་ཡོད། ལེ་ཧྥུང་གིས་མི་རྒྱལ་དང་ཏང་ལ་བཅངས་པའི་ལྷག་བསམ་ཟོལ་མེད་དེ་རང་གཞུང་དང་། མཐུན་སྒྲིལ། མཛའ་བརྩེའི་སྤྱོད་ཚུལ་བཅས་ཀྱི་ཐོག་ནས་མཚོན་ཡོད། ལེ་ཧྥུང་གིས་མི་རྒྱལ་དང་ཏང་ལ་བཅངས་པའི་བློ་དཀར་ཟོལ་མེད་ནི་དཀའ་སྤྱད་འབད་བརྩོན་དང་ཧུར་བརྩོན་གྲོན་ཆུང་གི་འཚོ་བའི་སྤྱོད་ཚུལ་ཐོག་ནས་མཚོན་གྱི་ཡོད། དེ་བས་ལེ་ཧྥུང་གིས་མི་རྒྱལ་དང་

ཧང་ལ་ལྷག་བསམ་རྣམ་དག་གནང་བ་དེ་བློ་གཅིག་སེམས་གཅིག་གིས་མི་དམངས་ལ་ཞབས་འདེགས་ཞུ་བའི་ཁྲིད་ནས་མཛོད་ཀྱི་ཡོད། ཧང་ཡོན་ཞིག་ཡིན་ཕྱིན་མེས་རྒྱལ་དང་མི་དམངས་ལ་བློ་དགར་སེམས་དགར་བྱེད་དགོས་པ་དང་། ངལ་རྩོལ་པ་ཞིག་ཡིན་ཕྱིན། ལས་གནས་ལ་བློ་དགར་སེམས་དགར་དང་། ལས་རིགས་ལ་བློ་དགར་སེམས་དགར་བྱེད་དགོས་པ། སློབ་མ་ཞིག་ཡིན་ཕྱིན་སློབ་སྦྱོང་ལ་བློ་དགར་སེམས་དགར་དང་རང་གནས་ལ་བློ་དགར་སེམས་དགར་བྱེད་དགོས།

ལེ་ཧྥུང་གིས་ཐོག་མཐའ་བར་གསུམ་དུ་ཧང་དང་མེས་རྒྱལ་ལ་བློ་དགར་སེམས་དགར་བྱེད་རྒྱུ་རྒྱུན་འཁྱོངས་བྱེད་ཀྱི་ཡོད། ཁོང་ནི་རླབས་ཆེན་གྱི་གུང་ཁྲན་རིང་ལུགས་ཀྱི་འཐབ་འཛིང་པ་ཞིག་རེད། ཁོང་གིས་རང་ཉིད་ཀྱི་ལས་ཀ་དང་འཚོ་བའི་ཁྲིད་མེས་རྒྱལ་དང་མི་དམངས་ཀྱི་ཁེ་ཕན་ཐོག་མཐའ་བར་གསུམ་དུ་ཨང་དང་པོར་བཞག་ནས་སྤྱི་ཚོགས་རིང་ལུགས་ཀྱི་འཛུགས་སྐྲུན་ནང་ཧུར་ཐག་ཞུགས་ཡོད་ལ། རང་ཉིད་ཀྱི་ཕུགས་བསམ་དང་སྤྱི་ཚོགས་རིང་ལུགས་ཀྱི་ཐུན་མོང་གི་ཕུགས་བསམ་བྱུང་འབྲེལ་དམ་ཟབ་གནང་ཡོད། ཁོང་གིས་སྤྱི་ཚོགས་རིང་ལུགས་ཀྱི་ཐུན་མོང་གི་ཕུགས་བསམ་དང་ཐུན་མོང་གི་དམིགས་ཡུལ་དེ་རང་ཉིད་ཀྱི་བྱ་སྤྱོད་དང་འབད་འཐབ་བྱེད་ཡུལ་དུ་བཟུང་བ་དང་། སྤྱི་ཚོགས་རིང་ལུགས་ཀྱི་ཐུན་མོང་གི་ཕུགས་བསམ་དང་ཐུན་མོང་གི་དམིགས་ཡུལ་དེ་རང་ཉིད་ཀྱི་བླ་ན་མེད་པའི་དད་སེམས་སུ་བཟུང་བ། སྤྱི་ཚོགས་རིང་ལུགས་ཀྱི་ཐུན་མོང་གི་ཕུགས་བསམ་དང་ཐུན་མོང་གི་དམིགས་འབེན་དེ་རང་ཉིད་ཀྱི་ཆེས་ཟབ་པའི་ཕུགས་བསམ་དང་འཚོལ་སྙེག་བྱ་ཡུལ་ཞིག་ཏུ་བཟུང་བ། སྤྱི་ཚོགས་རིང་ལུགས་ཀྱི་ཐུན་མོང་གི་ཕུགས་བསམ་དང་ཐུན་མོང་གི་དམིགས་ཡུལ་དེ་རང་ཉིད་ཀྱི་རིན་ཐང་དང་སྤྱི་ཚོགས་ཀྱི་རིན་ཐང་མངོན་འགྱུར་བྱེད་པའི་རྨང་གཞི་དང་སྐུལ་ཤུགས་སུ་བརྩི་བ། སྤྱི་ཚོགས་རིང་ལུགས་ཀྱི་ཐུན་མོང་གི་ཕུགས་བསམ་དང་ཐུན་མོང་གི་དམིགས་ཡུལ་དེ་རང་ཉིད་ཀྱི་སློབ་སྦྱོང་དང་ཡར་ཐོན་ཡོང་བར་སྐུལ་འདེད་གཏོང་བའི་སྐུལ་ཤུགས་སམ་འབྱུང་ཁུངས་སུ་བརྩི་བཞིན་ཡོད་པ་རེད།

ལོ་གཅིག་གི་དབྱར་ཁ་འཆར་ལ་ཉེ་བའི་མཚམས་སུ། དམག་དཔུང་ནང་ལོ་རེའི་དབྱར་ཆས་སྤྲོད་པའི་དུས་ལ་སླེབས་པ་དང་གཏན་འབེབས་ལྟར་ན་དམག་མི་རེ་རེར་དམག་ཆས་ཆ་གཅིག་དང་། འོག་འཇུག་གཉིས། འགྲིག་ལྷམ་ཆ་གཉིས་བཅས་ཐོབ་ཀྱི་ཡོད། ཚང་མ་དགའ་སྤྲོའི་ངང་གྱོན་གོས་གསར་པ་ལེན་བཞིན་ཡོད་མོད། འོན་ཀྱང་ལེ་ཕྲུང་གིས་ང་ལ་དམག་ཆས་གཅིག་དང་། འོག་འཇུག་གཅིག །འགྲིག་ལྷམ་ཆ་གཅིག་བཅས་ལས་མི་དགོས་ཞེས་བཤད། ཅ་ལག་སྤྲོད་མཁན་གྱི་མི་དེས་ཡ་མཚན་དང་ཅིའི་ཕྱིར་གཅིག་ལས་མི་དགོས་པ་ཡིན་ཞེས་དྲིས་པར། ཁོང་གིས་ངའི་ལུས་སྟེང་གི་དམག་ཆས་འདི་མ་གཞི་རྙིང་པ་ཡིན་མོད། འོན་ཀྱང་ཐྲན་པ་བརྒྱབ་ན་ད་དུང་སུ་མཐུད་གྱོན་ཆོག་པས། གྱོན་གོས་ཆ་གཅིག་འཕྲོ་བརླག་གཏོང་དགོས་དོན་མེད་པ་མ་ཟད། ད་ལྟ་ལུས་ལ་གྱོན་པ་འདི་ངས་ཆུང་དུས་སུ་གྱོན་གྱོང་བ་ལས་ཀྱང་ཡག་པ་འདུག་པས། གྱོན་གོས་ལྷག་མ་ཆ་གཅིག་དེ་རྒྱལ་ཁབ་ལ་ཡར་རྩིས་འབུལ་ཞུ་རོགས་ཞེས་ལན་བཏབ།

ལེ་ཕྲུང་གིས་མེས་རྒྱལ་ལ་བློ་དཀར་སེམས་དཀར་བྱ་རྒྱུ་དེ་རང་ཉིད་ཀྱི་གཞི་རྩའི་བླང་བྱར་བརྩི་བ་དང་། མེས་རྒྱལ་ལ་བློ་དཀར་སེམས་དཀར་བྱ་རྒྱུ་དེ་མི་སྙེར་གྱི་རིན་ཐང་དང་སྤྱི་ཚོགས་ཀྱི་རིན་ཐང་མངོན་འགྱུར་བྱེད་པའི་རྨང་གཞི་དང་སྐྱལ་ཤུགས་སུ་བརྩི་བ། མེས་རྒྱལ་ལ་བློ་དཀར་སེམས་དཀར་བྱ་རྒྱུ་དང་ཏང་ལ་བློ་དཀར་སེམས་དཀར་བྱ་རྒྱུ་དེ་རང་ཉིད་ཀྱིས་རྒྱུན་ཆད་མེད་པར་སློབ་སྦྱོང་དང་ཡར་ཐོན་ཡོང་བར་སྐུལ་འདེད་གཏོང་བའི་སྐུལ་ཤུགས་སུ་བརྩི་བཞིན་ཡོད། བློ་གཅིག་སེམས་གཅིག་གིས་མི་དམངས་ལ་ཞབས་འདེགས་ཞུ་རྒྱུ་ནི་རང་རེའི་ཏང་གི་རྩ་བའི་འོས་འགན་ནམ་དམིགས་ཡུལ་ཡིན་པ་དང་། ལེ་ཕྲུང་ལ་མཚོན་ན་བློ་གཅིག་སེམས་གཅིག་གིས་མི་དམངས་ལ་ཞབས་འདེགས་ཞུ་རྒྱུ་དེ་རང་ཉིད་ཀྱི་འགན་འཁྲི་དང་འོས་འགན་དུ་བརྩིས་ནས་ཏུར་བརྩོན་ཆེན་པོས་མང་ཚོགས་ཀྱི་འཚོ་བ་དང་ལས་ཀའི་ཐད་ཀྱི་དཀའ་ངལ་སེལ་རོགས་བྱས་ཡོད།

གུང་ཁྲན་རིང་ལུགས་ཀྱི་དོན་དུ་འབད་པ་བྱེད་པ།

ལེ་ཧྥུང་གིས་གསོན་པོར་གནས་ཚེ་བློ་གཅིག་སེམས་གཅིག་གིས་མི་དམངས་ལ་ཞབས་འདེགས་ཞུ་དགོས་པ་དང་། མིའི་རིགས་ཀྱི་བཅིངས་འགྲོལ་བྱ་གཞག་དང་། གུང་ཁྲན་རིང་ལུགས་ཀྱི་བྱ་གཞག་ཆེད་དུ་འབད་འཐབ་བྱ་དགོས་ཞེས་རྟག་ཏུ་བསྒུངས་ཀྱི་ཡོད་ལ། ཁོང་གིས་ཀྱང་དེ་ལྟར་གནང་ཡོད། གུང་ཁྲན་རིང་ལུགས་ཀྱི་རླབས་ཆེན་བྱ་གཞག་གི་དོན་དུ་རང་སྲོག་ཀྱང་སྐྱེས་སུ་འབུལ་རྒྱུ་ནི་ལེ་ཧྥུང་གི་མི་ཚེའི་དོན་གཉེར་བྱ་ས་དང་། བླ་ན་མེད་པའི་དད་སེམས། བྱ་སྤྱོད་ཀྱི་ཕྱོགས་སྟོན་བཅས་ཡིན།

ཐེངས་ཤིག་ལེ་ཧྥུང་ས་ཆ་གཞན་ཞིག་ཏུ་བྱ་བ་སྒྲུབ་པར་བསྐྱོད་དགོས་པས། ཁོང་གིས་ལྟོ་ཕད་ཁྱུར་ཏེ་ས་འོག་གི་ལམ་བརྒྱུད་ནས་འགྲོ་སྐབས། གདོང་ཡོངས་གཉེར་མས་ཁེངས་པའི་རྒན་མོ་ཞིག་རྫོག་ཁྲིས་ཆེན་པོ་ཞིག་ཁྱུར་ཏེ་འཁར་རྒྱུག་བཙུགས་ནས་དཀའ་ཚེགས་ཆེན་པོས་འགྲོ་བཞིན་པ་མཐོང་། དེ་མྱུར་ལེ་ཧྥུང་གིས་

གོམ་པ་ཁ་ཤས་སྤོས་ནས་ཨ་མ་ལགས། ཁྱེད་རང་གཅིག་པུ་གང་དུ་འགྲོ་མཁན་ཡིན་ཞེས་དྲིས། རྒན་མོས་དབུགས་ལྷེམ་ལྷེམ་དང་། ང་གོན་ནེ་ནས་ཡོང་བ་ཡིན། ཧྥུའུ་ཧྥུན་དུ་བུ་ལ་བལྟ་བར་འགྲོ་རྩིས་ཡོད་ཅེས་བཤད། དེ་འཕྲལ་ལེ་ཧྥུང་གིས་སྐབས་འཁེལ་བ་ལ་ཡང་ཨ་མ་ལགས་ངེད་གཉིས་ལམ་གཅིག་རེད་འདུག །ཏོག་ཁྲིས་ངས་འཁུར་ཆོག་ཅེས་བཤད་དེ་མྱུར་དུ་ཨ་མ་ལགས་དེའི་ཏོག་ཁྲིས་ཁོང་རང་གི་ཕྲག་པར་ཁུར་ཞིང་། ད་དུང་ལག་པ་ཡ་གཅིག་གིས་ཨ་མ་ལགས་དེ་བསྐྱོར་ནས། ངས་ཁྱེད་རང་ཧྥུའུ་ཧྥུན་དུ་བུ་ལ་བལྟ་བར་འཁྲིད་ཆོག་ཅེས་བཤད། གནས་ཚུལ་དེས་རྒན་མོ་སེམས་འགུལ་ཚད་མེད་ཐེབས་ཏེ། བུ་ཡག་པོ་ཞེས་ལམ་བར་དུ་ཁོང་ལ་བསྟོད་སྒྲགས་ཀྱི་མཐེ་བོང་ཡང་སེ་བསྒྲེང་བས་ལེ་ཧྥུང་ཡང་ཧ་ཅང་འཚེར་པོ་བྱུང་བ་རེད།

དེ་ལྟར་ལེ་ཧྥུང་དང་རྒན་མོ་གཉིས་མཉམ་དུ་མེ་འཁོར་དུ་བསྡད་ཅིང་། ཁོང་གིས་རྒན་མོ་དེ་རང་ཉིད་ཀྱི་རྒྱབ་སྙེགས་ཐོག་སྡོད་དུ་བཅུག་རྗེས། རང་ཉིད་རྒན་མོ་དེའི་གམ་དུ་ལངས་ནས་བསྡད་པ་མ་ཟད། ཉོས་མ་ཐག་པའི་ཞིམ་ཟས་དག་རྒན་མོའི་ལག་ཏུ་སྤྲད། རྒན་མོ་དེས་ཁ་ཟས་དག་ཕར་སྤྲོད་བཞིན། བུ་ང་ལྟོགས་ཀྱི་མི་འདུག །བུ་ཁྱེད་རང་མཆོད་དང་ཞེས་བཤད་པར། ལེ་ཧྥུང་གིས་ཐུགས་འཛེམ་གནང་དགོས་མ་རེད་ཨ་མ་ལགས། སྟོན་ལ་ལྟོགས་གསོས་ཙམ་མཆོད་དང་ཞེས་བཤད།

བུ་ཞེས་པའི་འབོད་སྒྲ་དེས་ལེ་ཧྥུང་ལ་ཚོར་མེད་ཀྱི་ཚོར་སྣང་ཞིག་སྤྲིན་ཡོད་དེ། དེ་ནི་ཆུང་དུས་ཨ་མ་ལགས་ཀྱིས་རང་ཉིད་འབོད་པ་དང་འདྲ་བས། ད་ཆ་ཕ་ཡུལ་དང་ཁ་བྲལ་ནས་ཡུན་རིང་འགོར་བས་ཨ་མ་དྲན་པའི་གདུང་ཤུགས་ཀྱིས་ཐ་ན་མིག་གཉིས་ཀྱང་མཆི་མས་ཁེངས། དེ་ལྟར་ཁོང་གིས་རྒན་མོ་དེའི་གམ་དུ་བསྡད་དེ་འཚོ་བའི་སྐོར་གྱི་གླེང་མོལ་བྱས་པ་དང་། རྒན་མོས་རང་ཉིད་ཀྱི་བུ་ནི་བཟོ་པ་ཡིན་ལུགས་དང་ལོ་ཤས་རིང་ཁྱིམ་ལ་ཐེངས་གཅིག་ཀྱང་ལོག་ཁོམ་མ་བྱུང་ཞེས་བཤད།

རྒན་མོ་ཁོང་ནི་ཕྱོགས་ལ་འགྲོ་ཐེངས་དང་པོ་ཡིན་པ་དང་། བུའི་ལས་གནས་གང་དུ་ཡིན་མིན་གསལ་པོ་ཤེས་ཀྱི་མེད་པས་ཨམ་ཕྲག་ནས་འཕྲིན་ཡིག་གཅིག་བཏོན་ནས་ལེ་ཧྥུང་ལ་ས་གནས་དྲིས་ཀྱང་དེའི་ཐོག་གི་ས་གནས་ཁོང་གིས་ཀྱང་མ་ཤེས།

རྒན་མོ་དེས་བྲེལ་འཚུབ་དང་ལེ་ཧྥུང་ལ་བུ་ཁྱོད་ཀྱིས་ས་ཆ་འདི་ཤེས་སམ་ཞེས་དྲིས། མ་གཞི་ལེ་ཧྥུང་གིས་ས་ཆ

འདི་མི་ཤེས་མོད། འོན་ཀྱང་ལེ་སྦྲུང་གིས་ནན་མོའི་བུ་འཚོལ་བའི་བློ་འཚུང་གི་སེམས་ཁམས་དེ་ཤེས་ནས། ཨ་མ་ལགས། ཁྱེད་རང་སེམས་ཁྲལ་བྱེད་མི་དགོས། ངས་ཁྱེད་ལ་ས་ཆ་འདི་འཚོལ་རོགས་བྱས་ཆོག་ཅེས་བཤད། སྦྲུའུ་རྟུན་དུ་སླེབས་སྐབས། ལེ་སྦྲུང་གིས་ཨ་མ་ལགས་དེའི་རོག་ཁྲིས་ཁྲུར་ཞོར་དུ་ལག་གཞན་དེས་ཨ་མ་ལགས་སྐྱོར་བཞིན་ས་གནས་དེ་གའི་མི་མང་པོ་ཞིག་ལ་སྐད་ཆ་དྲིས་ནས་ཀུ་ཅོད་གཉིས་ལྷག་ཙམ་སོང་རྗེས་གཞི་ནས་ནན་མོའི་བུ་འཚོལ་ཐུབ་ཙམ་བྱུང་། མ་བུ་གཉིས་ཐུག་འཕྲད་བྱུང་རྗེས་ནན་མོས་རང་གི་བུ་ལ། སྣབས་ལེགས་པ་ཞིག་ལ་བཅིངས་འགྲོལ་དམག་གི་བློ་མཐུན་ཁོང་གིས་རྙོག་དྲར་མ་འཛེམ་པར་ང་ལ་རོགས་པ་ཤུགས་ཆེན་གནང་བྱུང་། དེས་མ་གཏོགས་ངས་ད་དུང་བུ་རང་ཉིད་ཐུབ་པ་མི་འདུག་ཅེས་བཤད། དེ་ལྟར་མ་བུ་གཉིས་ཀྱིས་ལེ་སྦྲུང་ལ་བཀའ་དྲིན་ཆེ་ཞེས་ཡང་ཡང་ཞུས། ལེ་སྦྲུང་གིས་ཁྱེད་རང་ཐུགས་འཛེམ་གནང་དགོས་མ་རེད། འདི་ནི་ངས་བསྒྲུབ་འོས་པ་ཞིག་རེད་ཅེས་གསུངས་པ་དང་། མ་བུ་གཉིས་ཐུག་འཕྲད་བྱུང་བ་གཟིགས་རྗེས་ད་གཟོད་བློ་བདེ་པོའི་ངང་ཕྱིར་ཐེབས།

གུང་ཁྲན་རིང་ལུགས་ཀྱི་ཕྱུགས་བསམ་འཛུགས་རྒྱུ་ནི་ལེ་སྦྲུང་གི་རྒྱང་རིང་ཕྱུགས་བསམ་འཛུགས་པའི་རྩ་བའི་སྟོན་འགྲོ་ཡིན། ཕྱུགས་བསམ་ནི་མི་གཅིག་གི་བྱ་སྤྱོད་སྤེལ་བའི་རྩ་བའི་ཁ་ཕྱོགས་དང་དམིགས་ཡུལ་ཡིན་ལ། མི་གཅིག་མདུན་དུ་སྐྱོད་པའི་སྐུལ་ཤུགས་ཀྱང་ཡིན། ཕྱུགས་བསམ་མེད་པའི་མི་ནི་རྒྱ་མཚོའི་སྟེང་དུ་ཕྱོགས་སྟོན་འཁོར་ལོ་མེད་པའི་གྲུ་ཆུང་ཞིག་དང་འདྲ་བར། ཁ་ཕྱོགས་མེད་པ་དང་། དམིགས་ཡུལ་མེད་པས། དེ་ནི་གྱང་སྟེང་གི་རྩྭ་ཕྲན་ཞིག་དང་འདྲ་བར་རླུང་བུས་གང་ཕྱིར་ཡིན་པ་སྨོས་མེད་རེད། ཕྱུགས་བསམ་མེད་པའི་མི་ནི་བེམ་རྫ་དང་འདྲ་བར་འཚོ་བའི་ཁྲོད་དུ་དགའ་ཕྱོགས་དང་དམིགས་འབེན་གང་ཡང་མེད་ཅིང་། འབད་འཐབ་ཀྱི་དགའ་ཚོགས་སྤྱོང་ཚོར་ཐུབ་ཀྱི་མེད་ལ་ཕན་འདྲས་ཀྱི་སྤྲོ་སྣང་ཡང་སྤྱོང་ཚོར་ཐུབ་ཀྱི་མེད། ཕྱུགས་བསམ་ལྡན་པའི་མི་ཞིག་ཡིན་ཚེ་ནམ་ཡིན་ཡང་སྤྲོ་སེམས་ཀྱིས་ཁེངས་ཤིང་། དཔའ་ངར་ཆེར་བསྐྱེད་ཀྱི་འདུན་པ་ལྡན་ལ། ཁོང་ཚོའི་མི་ཚེ་ནི་ཕུན་སུམ་ཚོགས་ལ་སྤྲོ་བས་ཁེངས་པ་ཞིག་རེད།

ལེ་སྦྲུང་གིས་གུང་ཁྲན་རིང་ལུགས་ལ་དད་མོས་གནང་བ་མ་ཟད། དེ་ཡི་ཆེད་དུ་ཚེ་གང་རིང་འབད་བརྩོན་གནང་སྟེ། ང་ཚོར་གཟི་བརྗིད་ལྡན་པའི་མིག་དཔེ་གཏོད་ཡོད། སློབ་གྲྭ་

འཕྲིང་ཆུང་གི་སློབ་མ་ཞིག་ཡིན་པའི་ངོས་ནས་ང་ཚོས་ལེ་ཧྥུང་གི་སྙིང་སྟོབས་ལ་སློབ་སྦྱོང་བྱས་ཏེ་ཆུང་དུས་ནས་རླབས་ཆེན་གྱི་ཕུགས་བསམ་དང་དམིགས་ཚད་བཙུགས་ནས་ནན་ཏན་དང་རང་ཉིད་ཀྱི་མི་ཚེའི་ལམ་བུ་གསར་རྒྱུད་ཞིག་གཏོད་དགོས།

སྤྱི་ཚོགས་རིང་ལུགས་ལ་དགའ་ཞེན།

ལེ་ཧྥུང་གིས་རང་ཉིད་ཀྱི་བྱ་སྤྱོད་ངོ་མའི་ཐོག་ནས་སྤྱི་ཚོགས་རིང་ལུགས་ལ་བཙན་ས་པའི་དགའ་ཞེན་དང་ཐུན་མོང་གི་ཕུགས་བསམ། དམིགས་ཚད་ལ་འཛིན་པའི་རྣམ་འགྱུར་བཅས་མངོན་པར་བྱས་ཡོད། ལེ་ཧྥུང་རླབས་ཆེན་ཡིན་པའི་རྒྱུ་མཚན་ནི་ཁོང་གིས་རང་ཉིད་སྒེར་གྱི་ཕུགས་བསམ་དང་སྤྱི་ཚོགས་རིང་ལུགས་ཀྱི་ཐུན་མོང་གི་ཕུགས་བསམ་ཟུང་འབྲེལ་བྱེད་ཐུབ་པ་དང་། དོན་དག་ཙག་ཙིག་དང་མི་དམངས་ལ་ཞབས་འདེགས་ཞུ་རྒྱུ་ཟུང་འབྲེལ་བྱེད་ཐུབ་པ། མེས་རྒྱལ་དང་མི་རིགས་ཀྱི་ཁེ་ཕན་ཟུང་འབྲེལ་བྱེད་ཐུབ་པ་བཅས་ཀྱི་རྐྱེན་གྱིས་རེད། ལེ་ཧྥུང་གི་འདུན་པ་དེ་སྤྱི་ཚོགས་རིང་ལུགས་ཀྱི་ཐོག་བརྩེགས་ཁང་ཆེན་སྐྲུན་རྒྱུར་ཕྱོགས་ཡོད་པ་དང་། རང་ཉིད་དེའི་ཁྲོད་ཀྱི་སོ་ཕག་གཅིག་དང་ཟེ་ཕྲུག་གཅིག་ལ་ངོས་བཟུང་ནས་སྤྱི་ཚོགས་རིང་ལུགས་འཛུགས་སྐྲུན་ཁྲོད་རང་ཉིད་ཀྱི་སྟོབས་ཤུགས་སྐྱེས་སུ་ཕུལ་ཏེ་སྤྱིར་བཏང་གི་ལས་གནས་ཐོག་ཏུ་མཛད་པ་རླབས་ཆེན་ཞིག་གཏོད་ཡོད།

ལེ་ཧྥུང་མ་གཞི་དམག་མི་དཀྱུས་མ་ཞིག་ཡིན་མོད། འོན་ཀྱང་ཁོང་ལ་ཚད་མཐོའི་མཉམ་སྡེབ་ཀྱི་འདུ་ཤེས་ལྡན་ཡོད་པས། ནམ་ཡིན་ཡང་ཐུན་མོང་གི་ཁེ་ཕན་དང་མཚན་སྙན་ཨང་དང་པོར་འཛོག་ཅིང་། རང་ཉིད་ཀྱི་ཁེ་ཕན་ཆེས་མཐའ་མར་འཛོག་གི་ཡོད། ལེ་ཧྥུང་གིས་སྤྱི་ཚོགས་རིང་ལུགས་ལ་དགའ་ཞེན་ཆེན་པོ་བྱེད་ཅིང་། རང་ཉིད་ཀྱི་བྱ་སྤྱོད་དངོས་ཀྱི་ཐོག་ནས་སྤྱི་ཚོགས་རིང་ལུགས་ལ་བཙན་ས་པའི་དགའ་ཞེན་དང་། རང་ཉིད་ཀྱི་མི་ཚེ་གང་པོར་སྤྱི་ཚོགས་རིང་ལུགས་དང་གུང་ཁྲན་རིང་ལུགས་ལ་བཙན་ས་པའི་བློ་དཀར་སེམས་དཀར་གྱི་དད་སེམས་དེ་མཚོན་པར་བྱེད་ཀྱི་ཡོད།

ངས་གསར་བརྗེའི་དགོས་མཁོར་བསྟུན་ཆོག །གསར་བརྗེར་སོལ་བ་སྲེག་མཁན་མཁོ་ཚེ་ངས་ཀྲང་སི་དེ་བྱས་ཆོག །གསར་བརྗེར་མེ་མདའ་འགོག་མཁན་མཁོ་ཚེ་ངས་ཧོང་ཅི་གོང་བྱས་ཆོག་ཅེས་གསུངས་ཀྱི་ཡོད། འདི་ནི་ལེ་ཧྥུང་གིས་རྒྱ་འཛུགས་ལ་སྟོན་པའི་རྣམ་འགྱུར་ངོ་མ་དེ་ཡིན།

ཕྱིས་སུ་ལེ་ཧྥུང་གིས་པིན་ཤིའི་ལམ་སློབ་ཆུང་གི་སློབ་ཕྲུའི་ཟུར་ཁྲིད་པའི་འགན་འཁུར་ཞིང་། ཁོང་གི་དུས་རྒྱུན་གྱི་ལས་ཀ་དང་སློབ་སྦྱོང་བྲེལ་བ་ཆེ་བས་ངལ་གསོའི་དུས་ཚོད་དམ་ཡང་ན་ཆར་ཞོད་ཆེ་བའི་སྐབས་དེ་ཆུང་ངས་འཁོར་གཏོང་མི་དགོས་པའི་དུས་ཚོད་ལ་དགོངས་པ་ཞུས་དེ་སློབ་གྲྭར་ཕེབས་ནས་དགེ་རྒན་དང་སློབ་ཕྲུག་ཚོར་མྱོང་ཚོར་སྤེལ་རེས་བྱེད་པའམ་ཡང་ན་ཟུར་ཁྲིད་ཀྱི་བྱེད་སྒོ་གཞན་དག་སྤེལ་གྱི་ཡོད། ཁོང་དང་གྲོགས་པོ་ཆུང་ཆུང་ཚོས་དགའ་སྤྲོའི་ངང་སློབ་སྦྱོང་དང་རྩེད་མོ་རྩེ་བཞིན། ཁོང་ཚོར་སློབ་སྦྱོང་ཡག་པོ་བྱས་ནས་ཉིན་བཞིན་ཡར་རྒྱས་ཡོང་བ་བྱེད་དགོས་པའི་སྐུལ་ལྕག་གནང་གི་ཡོད་ལ་ཚད་མཐོའི་འགན་འཁྲིའི་བསམ་པ་བཅངས་ནས་མི་རབས་རྗེས་མ་གསོ་སྐྱོང་གནང་གི་ཡོད། རྒྱ་འཛུགས་ཀྱིས་ཚང་མས་ལེ་ཧྥུང་གི་སྙིང་སྟོབས་ལ་སློབ་སྦྱོང་བྱེད་ཆེད་ལེ་ཧྥུང་ལ་གཟིགས་བསྒྲོད་ལག་ཁྱེར་ཞིག་སྤྲད་ཡོད་ཅིང་།

དེའི་ཐོག་ཕྱུལ་བྱུང་གི་ནུར་ཁྲིད་བློ་མཐུན་ལེ་ཕྲུང་ལ་སློབ་སྦྱོང་བྱེད་པ་དང་། གཟི་བརྗིད་རྒྱུན་འཁྱོངས་དང་སྔ་མཐུད་མདུན་སྐྱོད་བྱེད་དགོས་ཞེས་བྲིས་ཡོད། ལེ་ཕྲུང་ལྟ་བུའི་བློ་གཅིག་སེམས་གཅིག་གིས་མི་དམངས་ལ་ཞབས་འདེགས་ཞུ་བ་དང་སྒེར་སེམས་མེད་པར་ལེགས་སྐྱེས་འབུལ་བའི་ཕྱུལ་བྱུང་གི་གཞིས་རྒྱུད་ལས་རྒྱལ་ཁྱོན་མི་དམངས་ཀྱིས་ལེ་ཕྲུང་བློ་ལ་བརྟན་པོར་དེས་ཡོད།

ལེ་ཕྲུང་གིས་འདི་ལྟར་རང་ཉིད་ཀྱི་ལས་དབང་དང་མེས་རྒྱལ་གྱི་སྤྱི་ཚོགས་རིང་ལུགས་འཛུགས་སྐྲུན་བྱུང་འཕྲེལ་དམ་ཟབ་བྱས་ཏེ་རང་ཉིད་ཀྱི་ལང་ཚོའང་སྤྱི་ཚོགས་རིང་ལུགས་ལ་སྐྱེས་སུ་ཕུལ་ཡོད། ལེ་ཕྲུང་གིས་རང་གི་ཚེ་སྲོག་གི་མེ་ལྕེ་མེས་རྒྱལ་གྱི་དོན་དུ་ཕྱར་བ་དང་། རང་ཉིད་ཀྱི་ཡུན་ཐུང་གི་ལང་ཚོ་རྒྱལ་གཅེས་རིང་ལུགས་ཀྱི་དོན་དུ་ལེགས་སྐྱེས་ཕུལ་ཡོད།

རང་རྒྱལ་གྱི་སྤྱི་ཚོགས་འཕེལ་རྒྱས་ཐད་ད་ལྟ་ཡར་རྒྱས་ཆེན་པོ་བྱུང་ཡོད་པ་དང་བྱ་གཞག་ཁག་ཚང་མར་གྲུབ་འབྲས་ཧ་ཅང་ཆེན་པོ་ཐོབ་ཡོད། ང་ཚོ་སློབ་ཕྲུག་འཕྲིན་ཆུང་གི་སློབ་མས་ངེས་པར་དུ་སྤྱི་ཚོགས་རིང་ལུགས་ཀྱི་དར་ཆ་མཐོན་པོར་སྒྲེང་བ་དང་། སྤྱི་ཚོགས་རིང་ལུགས་ལ་དགའ་ཞེན་བྱས་ཏེ་ཀྲུང་ཧྭ་མི་རིགས་བསྐྱར་དར་རླབས་པོ་ཆེ་མངོན་འགྱུར་ཡོང་ཆེད་སློབ་སྦྱོང་ནུར་ཐག་བྱེད་དགོས།

ལྷག་མེད་སེམས་པ་ནམ་ཡང་ཧང་ལ་འཁྱོགས།

ལེ་ཕྲུང་གིས་ཧང་ལ་དགའ་ཞེན་བྱེད་པ་དང་ཧང་ལ་ལྷག་བསམ་རྣམ་དག་བྱེད་པའི་ལྷག་མེད་སེམས་པ་ནམ་ཡང་ཧང་ལ་འཁྱོགས་ཡོད། ཁོང་ནི་སྤྱི་ཚོགས་རིང་ལུགས་འཛུགས་སྐྲུན་ཁྲོད་ཀྱི་ཆུ་ཐིགས་གཅིག་དང་སོ་ཕག་གཅིག་ཡིན་པས་དུས་དང་རྣམ་པ་ཀུན་ཏུ་མེས་རྒྱལ་གྱི་འདོད་སྐུལ་དང་ལེན་ཞུ་བ་དང་། བློ་ཐག་ཐད་བཅད་ཀྱིས་ཧང་གི་བཀའ་ལ་ཉན་པ། ཚེ་གང་ཧང་གི་རྗེས་སུ་འབྲང་བ། ཧང་གི་གོམ་སྟབས་དང་མཉམ་དུ་བསྐྱོད་པ། ཧང་གིས་མཛུབ་སྟོན་གང་དུ་གནང་བ་དེའི་ཕྱོགས་སུ་བསྐྱོད་གནང་གི་ཡོད།

ཐེངས་ཤིག་ལེ་ཧྥུང་གིས་འཛུགས་སྐྲུན་ཐྲང་ལམ་གྱི་སློབ་ཆུང་ལོ་རིམ་དྲུག་པའི་གྲོགས་པོ་ཆུང་ཆུང་ཞིག་ཡོད་པ་དེ། སྤྱོང་སྤྱུང་འཛོམས་རྟུང་བཞིས་ཀ་སྤྱོད་ཙམ་ཡོད་པ་དང་། ཉིན་གང་རྩེད་མོར་གཡེངས་ཏེ་སློབ་ཁྲིད་ལ་མི་ཉན་པ། ལོ་རིམ་དྲུག་པར་སླེབས་ཀྱང་ད་དུང་ལོ་ཆུང་གདོང་ལེན་རྩ་ཁག་ཏུ་མ་ཞུགས་པས་ཚང་མས་ཁོ་དང་མཉམ་དུ་རྩེད་མོ་རྩེད་རྒྱུར་དགའ་པོ་མི་བྱེད་པའི་གནས་ཚུལ་དེ་ཤེས་རྗེས། ལེ་ཧྥུང་གིས་གྲོགས་པོ་ཆུང་ཆུང་གཞན་ཚོར་གྲོགས་པོ་ཆུང་ཆུང་འདི་ཁྱོད་ཚོའི་སློབ་གྲོགས་ཡིན་པས་ཚང་མར་ཁོ་ལ་རོགས་རམ་བྱ་རྒྱུའི་འགན་འཁྲི་ཡོད། ཁོ་སློབ་སྦྱོང་ཞན་པས་སློབ་སྦྱོང་ཚོགས་ཆུང་དུ་ཞུགས་རྒྱུར་དགའ་བསུ་ཞུར་ཐག་ཞུ་དགོས། ཁོའི་སློབ་སྦྱོང་ཡག་ཏུ་ཕྱིན་ཚེ་ཁོ་དང་མཉམ་དུ་རྩེད་མོ་རྩེད་འདོད་མེད་པ་ག་ལ་སྲིད་ཅེས་གསུངས་པས། གྲོགས་པོ་ཆུང་ཆུང་ཚོས་ཁོས་དགེ་རྒན་དང་སློབ་གྲོགས་ཚོའི་ཞལ་ལ་ཉན་གྱི་མེད་པས་རོགས་རམ་ཇི་ལྟར་བྱེད་དགོས་སམ་ཞེས་ཟེར་བར། ལེ་ཧྥུང་གིས་སྐྱོན་མེད། ང་ཚོས་མཉམ་དུ་ཐབས་ཤེས་བཏང་ཚོག་ཅེས་གསུངས།

དེ་ནས་བཟུང་ལེ་ཧྥུང་གིས་རྟག་ཏུ་གྲོགས་པོ་ཆུང་ཆུང་དེ་དང་བསམ་བློ་སྤེལ་རེས་བྱས་ནས་ཁོ་ལ་གཏམ་རྒྱུད་ཤོད་པ་དང་། སེམས་གཏམ་སྙིང་རེས་ཐོག་ཉལ་ཁང་དུ་སྐད་བཏང་ནས་མཉམ་དུ་སློབ་སྦྱོང་གནང་གི་ཡོད། ལེ་ཧྥུང་དང་དགེ་རྒན་གྱི་སློབ་གསོ། དེ་བཞིན་གྲོགས་པོ་ཆུང་ཆུང་གཞན་དག་ཚོའི་རོགས་རམ་འོག་ཕྲུ་གུ་དེས་རྩེད་མོ་རྩེ་རྒྱུར་དགའ་

དྲགས་པའི་སྐྱོན་ཆ་རིམ་བཞིན་དོར་བས་སློབ་སྦྱོང་ལའང་ཡར་རྒྱས་བྱུང་། ཁོ་སྐེ་དར་དམར་པོ་ཐོག་མར་བཅིངས་པའི་སྐབས་སུ་ལེ་ཧྥུང་མཐོང་བས་སྨྱུར་དུ་ལེ་ཧྥུང་གི་ལག་གཉིས་ལ་དམ་པོར་འཇུས་ནས་སེམས་རྩ་འཁོལ་པོས་ཨ་ཁུ་ལེ་ཧྥུང་ལགས། ང་ལོ་ཆུང་གཉེར་ལེན་རུ་ཁག་ནང་ཞུགས་ཡོད་ཅེས་བཤད་པས། དེ་སྔ་འཚུབ་ཤ་དོད་པའི་ཕྲུ་གུ་འདི་རང་ཉིད་ཀྱི་བློ་རྩེ་གཅིག་སྒྲིམ་གྱི་ལམ་སྟོན་འོག་ད་ཆ་ཡང་དག་པའི་ལམ་ལ་ཞུགས་ཐུབ་པ་བྱུང་བར་ལེ་ཧྥུང་ཡང་ཧ་ཅང་མཉེས་པོ་བྱུང་ཡོད།

ལེ་ཧྥུང་ནི་ཏང་ལ་དགའ་ཞེན་ཆེ་བ་དང་། ཏང་ལ་ལྷག་བསམ་རྣམ་དག་ཡིན་པས་ཏང་དང་མེས་རྒྱལ་གྱི་འབོད་སྐུལ་དང་ལེན་ཏུར་ཐག་ཞུས་ཏེ་མེས་རྒྱལ་གྱི་དགོས་མཁོ་ཆེ་ཤོས་ཀྱི་ས་ཆར་བསྐྱོད་ཡོད། ཁོང་གི་སེམས་ལ་གསར་བརྗེ་པ་ཞིག་གི་ངོས་ནས་བརྗོད་ན་གསོན་པོར་གནས་པ་ནི་གསར་བརྗེའི་དོན་དུ་ཚེ་གང་གི་ནུས་ཤུགས་འབུལ་བའི་ཆེད་དུ་ཡིན་པ་དང་། གསར་བརྗེ་པ་ཞིག་ཡིན་ཕྱིན་ཚེ་གང་རིང་མིའི་རིགས་ཀྱི་བཅིངས་འགྲོལ་བྱ་གཞག་གི་ཆེད་དུ་འབད་འཐབ་བྱ་དགོས་པ། གསར་བརྗེ་པ་ཞིག་གསོན་པོར་གནས་པ་ཡིན་ན་གུང་ཁྲན་རིང་ལུགས་ཀྱི་བྱ་གཞག་གི་དོན་དུ་ཡོངས་རྫོགས་བློས་གཏོང་བྱ་དགོས་པ་ངེས་རེད་སྙམ་གྱི་ཡོད། གསོན་པའི་དམིགས་ཡུལ་གཅིག་རང་ལས་མེད་པ་དེ་ནི་མི་དམངས་ལ་ཕན་ཐོགས་ཡོད་པའི་མི་ཞིག་བྱ་རྒྱུ་དང་། མི་དམངས་ཀྱི་དོན་དུ་འཚོ་བ་དང་མི་དམངས་ཀྱི་དོན་དུ་རང་སྲོག་ཀྱང་བློས་གཏོང་ཐོད་པ་དེ་ཡིན།

སློབ་གྲྭ་འབྲིང་ཆུང་གི་སློབ་མ་ནི་མེས་རྒྱལ་གྱི་རེ་བ་དང་འབྱུང་འགྱུར་ཡིན་པས་ང་ཚོས་ལེ་ཧྥུང་ལྟར་ཏང་ལ་དགའ་ཞེན་བྱེད་པ་དང་། ཀྲུང་གོ་གུང་ཁྲན་ཏང་གི་འགོ་ཁྲིད་རྒྱུན་འཛིན་བྱེད་པ། ཏང་གི་འབོད་སྐུལ་དང་ལེན་མཐའ་གཅིག་ཏུ་བྱེད་པ། ཏང་གི་རྗེས་སུ་འབྲང་བ་བཅས་བྱས་ཏེ་ཀྲུང་ཧྭ་མི་རིགས་ཀྱི་བསྐྱར་དར་ལྷབས་པོ་ཆེ་མངོན་འགྱུར་གྱི་ཆེད་དུ་འབད་འཐབ་བྱེད་དགོས།

རྒྱལ་གཅེས་རིང་ལུགས་ཀྱི་སྙིང་སྟོབས་དར་སྤེལ་གཏོང་དགོས།

ལོ་རྫ་སྟོང་ཕྲག་འགའི་ལོ་རྒྱུས་ཀྱི་སྲོལ་རྒྱུན་རིག་གནས་ཁྲོད་རང་རྒྱལ་དུ་རྒྱལ་གཅེས་རིང་ལུགས་སྲོག་ཤིང་དུ་གྱུར་པ་དང་། མཐུན་སྒྲིལ་གཅིག་གྱུར་དང་། ཞི་བདེར་དགའ་ཞེན། ལས་ལ་བརྩོན་ཞིང་དཔའ་ངར་ལྡན་པ། འབད་བརྩོན་ལྷོད་མེད་བཅས་ཀྱི་མི་རིགས་ཀྱི་སྙིང་སྟོབས་ཤིག་ཆགས་ཡོད། རྒྱལ་གཅེས་རིང་ལུགས་ནི་བླ་ན་མེད་པའི་བསམ་བློ་ཀུན་སྤྱོད་ཅིག་ཡིན། རྒྱལ་གཅེས་རིང་ལུགས་ཀྱི་སྙིང་སྟོབས་དེ་རང་རྒྱལ་གྱི་ལོ་རྫ་སྟོང་ཕྲག་དུ་མའི་རིང་གི་ལོ་རྒྱུས་བརྒྱུད་རིམ་གྱི་ཁྲོད་ནས་ཆགས་པ་ཞིག་ཡིན་ལ་རྒྱལ་གཅེས་རིང་ལུགས་ཀྱི་སྙིང་སྟོབས་དར་སྤེལ་ཤུགས་ཆེན་གཏོང་རྒྱུ་དེ་དེང་རབས་ཀྱི་རིམ་འགྲོས་གཙོ་བོ་དེ་ཡིན།

ལོ་ཉུང་ལ་མཚོན་ན་རྒྱལ་གཅེས་རིང་ལུགས་ཀྱི་སྙིང་སྟོབས་ཆེན་པོ་ལྡན་ཞིང་། ཁོང་གིས་སྤྱིར་བཏང་གི་ལས་ཀ་དང་རྒྱང་རིང་གི་ཞུགས་བསམ་བཟུང་དུ་སྤེལ་ཏེ། བློ་གཅིག་སེམས་གཅིག་གིས་མི་དམངས་ལ་ཞབས་འདེགས་ཞུ་ཡི་ཡོད། ཆབས་ཅིག་རྣམ་ཀུན་བྱ་བ་ཆུང་ཙག་སྣ་ཚོགས་དང་སྤྱིར་བཏང་གི་ལས་གནས་ཐོག་ཕུའང་རང་ཉིད་བློས་བཏང་སྟེ་སྤྱི་ཚོགས་རིང་ལུགས་འཛུགས་སྐྲུན་གྱི་ཆེད་དུ་རང་ཉིད་ཀྱི་སྟོབས་ཤུགས་སྐྱེས་སུ་འབུལ་བཞིན་ཡོད།

ཟླ་མཚོད་དུས་ཆེན་གྱི་དགོང་མོ་ཞིག་ཟླ་འོད་གསལ་ཞིང་འཚེར། བརྒྱ་ཤོག་གི་འཛིན་གྲྭ་ཁག་རྒྱབ་ཕྱོགས་དངོས་རྫས་མཁོ་སྐྱེལ་ཁྲིའུ་རུ་ཟླ་མཚོད་བག་ལེབ་ལེན་པར་སོང་ཞིང་། གདན་འབེབས་ལྟར་ན་མི་རེས་བག་ལེབ་ཐུམ་རེ་བླངས་ཆོག །འཕྲབ་འཛིང་པ་ཚོས་བག་ལེབ་ཟ་ཞོར་དུ་ཅི་འགྲོས་མོལ་འགྲོས་བྱེད་པ་དང་དགོད་སྒྲའི་ཁྲོད་དུ་ཟླ་མཚོད་དུས་ཆེན་ལ་རོལ་བཞིན་མཆིས། ལོ་ཉུང་ཡང་ཟླ་མཚོད་བག་ལེབ་ཐུམ་གཅིག་རག་ཡོད། འོན་ཀྱང་ཁོང་གིས་བློ་མཐུན་གཞན་དང་འདྲ་བར་འཕྲལ་མར་ཟླ་མཚོད་བག་ལེབ་དེ་དག་མ་བཟས་པར་ཟླ་མཚོད་བག་ལེབ་ལག་ཏུ་བཟུང་སྟེ་ཕྲུག་ཙམ་ཞིག་སེམས་གཡེང་བའི་ཚུལ་དུ་གནས།

ཡུད་ཙམ་སོང་རྗེས་ཁོང་གིས་འབྲུག་ཆ་དོད་པའི་ས་ཆ་འདི་ནས་ཁ་བྲལ་ཏེ། ཀླངས་འཁོར་འཇོག་སར་གབ་ནས་དུས། མཉམ་འཛོམས་ཀྱི་མཚན་མོ་འདིར་ཟླ་འོད་ནི་ལྷག་ཏུ་བཀྲག་མདངས་དོད་ལ། གྲང་རླུང་ཡང་བསིལ་བསིལ་དུ་ལྷུང་འོང་། མིག་མདུན་གྱི་མཛེས་ཤིང་སྡུག་པའི་ཁོར་ཡུག་འདིས་རྐྱེན་བྱས་ཏེ་ཁོང་གིས་རང་ཉིད་ཀྱི་སྤོ་བོ་ལགས་དང་རྨོ་བོ་ལགས། པཱ་ལགས་དང་ཨ་མ་ལགས། གཅེན་པོ་དང་གཅུང་པོ་བཅས་དྲན་པ་མ་ཟད། སྤྱི་ཚོགས་སྙིང་པར་ཁོང་ཚོས་དཀའ་སྡུག་སྣ་ཚོགས་མྱངས་པའི་རྣམ་པ་ལྷང་ངེར་ཡིད་ལ་འཁོར་ཞིང་། པཱ་ལགས་དང་གཅེན་པོ། གཅུང་པོ་བཅས་ཀྱི་ཡ་ང་བའི་ལས་དབང་ཡིད་ལ་དྲན། གལ་སྲིད་ངའི་ཕ་མ་གཉིས་ད་ཆ་འཇིག་རྟེན་འདིར་འཚོ་ཡོད་ཚེ་རང་ཉིད་ཀྱི་བུ་ད་ཆ་མི་དམངས་ཀྱི་འཐབ་འཛིང་པ་ཞིག་ཏུ་གྱུར་པ་དང་། ཡར་འཕངས་ནས་རྒྱལ་ཁབ་ཀྱི་བདག་པོར་གྱུར་པ་མཐོང་ཚེ་ཁོ་ཚོ་དངོས་གནས་དགའ་པོ་ཡོང་སྲིད། ཁོ་ཚོས་ད་ལྟ་ངས་སྤྱོད་པའི་བྱ་བ་མཐའ་དག་དངོས་སུ་མཐོང་མེད་པ་དེ་ནི་དངོས་གནས་བློ་ཕམ་སྐྱེ་དགོས་པ་ཞིག་རང་རེད་ཨང་ཞེས་ཡང་ཡང་སྨྲ་བར་ཐལ། ལེ་ཧྲུང་གིས་ཉལ་ཁང་དུ་ཕྱིར་ལོག་རྗེས་ཤོག་ལྷེ་གཅིག་བཏོན་ནས་ཟླ་མཆོད་བག་ལེབ་དེ་ཐུམ་བརྒྱབ་སྟེ་སེམས་གསོའི་ཚུལ་དུ་འཚམ་འདྲིའི་ཡི་གེ་ཞིག་བྲིས་པ་དེའི་ཐོག་ཏུ་གསལ་དོན་མཛའ་བརྩེ་ཟབ་པའི་གྲལ་རིམ་གྱི་སྤུན་ཟླ་དང་སྤྱི་ཚོགས་རིང་ལུགས་འཛུགས་སྐྲུན་གྱི་དོན་དུ་རྨས་སྐྱོན་ཐོག་པའི་བློ་མཐུན། དེ་བཞིན་ནད་གྱིས་རྐྱེན་པས་ངལ་གསོ་རྒྱག་དགོས་བྱུང་བའི་བློ་མཐུན་བྲིངས་ཀྱི་དྲུང་དུ་ཞུ་གསོལ། མི་དམངས་ཀྱིས་དེ་རིང་ང་ལ་ཟླ་མཆོད་བག་ལེབ་བཞི་གནང་བྱུང་། དེས་ང་རང་གི་ཆུང་དུས་ཀྱི་དཀའ་སྡུག་འཚོ་བ་དྲན་ལམ་དུ་འཁོར་བྱུང་ལ། དེ་བས་བདེ་སྐྱིད་ལྡན་པའི་དེ་རིང་གི་འཚོ་བར་ཡང་སྙིང་རོལ་ཐུབ་བྱུང་། དེའི་དབང་གིས་ངས་ཁྱེད་ཚོ་ཡིད་ལ་དྲན་བྱུང་། འདི་ནི་འཐབ་འཛིང་པ་ཞིག་གི་སེམས་པའི་མཚོན་བྱེད་ཙམ་ཡིན། ཁྱེད་ཚོས་བཞེས་རོགས་གནང་ཞེས་བྲིས་ཡོད། ཉིན་གཉིས་པར་ཁོང་གིས་དམག་དཔུང་བཅའ་སྡོད་བྱ་ཡུལ་སྨན་ཁང་དུ་སོང་ནས་ཟླ་མཆོད་བག་ལེབ་དང་འཚམ་འདྲིའི་ཡི་གེ་དེ་ཉིད་སྤྱི་ཚོགས་རིང་ལུགས་འཛུགས་སྐྲུན་གྱི་ཆེད་དུ་རྨས་སྐྱོན་ཐོག་པའམ་ཡང་ན་ནད་ཐོག་པའི་བློ་མཐུན་ཚོར་སྤྲད་པ་རེད། རྨས་མ་དང་ནད་པ་ཚོས་ཁོང་གིས་སྤྲད་པའི་ཟླ་མཆོད་བག་ལེབ་བཟས་ཏེ་ཁོང་ལ་ཐུགས་རྗེའི་ཡི་གེ་ཞིག་བྲིས་པ་དང་། ནད་ཡག་པོ་གསོས་ཏེ་སྤྱི་ཙམ་སྨན་ཁང་ནས་དོན་ཐུབ་པའི་བརྩོན་ལེན་བྱེད་ཅིང་། ཐོན་སྐྱེད་འཐབ་ཕྱོགས་ཐད་ལེགས་སྐྱེས་དེ་བས་ཆེ་བ་ཕུལ་ཏེ་གྲལ་རིམ་སྤུན་ཟླའི་དྲིན་ལན་འཇལ་རྒྱུར་རེ་བས་ཁེངས་ནས་བསྡད།

ལེ་སྦྱང་གི་ལུས་ཐོག་ཏུ་ཡོད་པའི་ཏང་དང་རྒྱལ་ཁབ། མི་དམངས་བཅས་ལ་བཅངས་པའི་ཕུལ་བྱུང་གི་གཤིས་རྒྱུད་དེས་དུས་སྐབས་དེའི་གཞོན་ནུ་ཚོའི་ཕུགས་བསམ་དང་མི་ཚེའི་དོན་གཉེར་བྱ་ཡུལ་མཚོན་པ་དང་། ཕུལ་བྱུང་གི་གཤིས་རྒྱུད་དེ་དག་ཁྲིད་ཆོས་མངོན་གསལ་དོད་པའི་དུས་རབས་ཀྱི་སྙིང་སྟོབས་ཤིག་ཏུ་གྱུར་པ་དེ་ནི་རྒྱལ་གཅེས་རིང་ལུགས་ཀྱི་སྙིང་སྟོབས་ཤིག་རེད།

སློབ་གྲྭ་འབྲིང་ཆུང་གི་སློབ་མས་རྒྱལ་གཅེས་རིང་ལུགས་ཀྱི་སྙིང་སྟོབས་ལ་སློབ་སྦྱོང་དང་དར་སྤེལ་གཏོང་རྒྱུ་ནི་སྤྱི་ཚོགས་རིང་ལུགས་ཀྱི་ལྟེ་བའི་རིན་ཐང་ལྟ་བ་ལག་ལེན་བསྟར་བའི་གཞི་རྩའི་བླང་བྱ་ཡིན་པས། ཁོ་ཚོའི་ཀུན་སྤྱོད་དང་། ཤེས་རིག །ལུས་རྩལ། མཛེས་རྩལ་སོགས་ཕྱོགས་ཡོངས་ནས་འཕེལ་རྒྱས་ཡོང་རྒྱུར་ཕན་ཐོགས་ཡོད་ལ། ཀྲུང་ཧྭ་མི་རིགས་བསྐྱར་དར་རླབས་པོ་ཆེའི་ཕུགས་འདུན་མངོན་འགྱུར་ཡོང་བར་ཡང་ཕན་ཐོགས་ཡོད།

ལེའུ་གཉིས་པ།

བློ་གཅིག་སེམས་གཅིག་གིས་མི་དམངས་ལ་ཞབས་འདེགས་ཞུ་བ།

མི་ཞིག་གསོན་པོར་གནས་ཆེ་རྒྱལ་ཁབ་སྟོབས་འགྱུར་གྱི་དོན་དུ་འབད་འཐབ་བྱ་དགོས་པ་དང་། མི་ཞིག་གསོན་པོར་གནས་ཆེ་ནྲབས་ཆེ་བའི་ཕྱུགས་འདུན་ཞིག་ཀྱང་ཡོད་དགོས་པ་ཡིན། ལེ་ཧྥུང་གི་མི་ཚེ་ཧྲིལ་པོ་ནི་བློ་གཅིག་སེམས་གཅིག་གིས་མི་དམངས་ལ་ཞབས་འདེགས་ཞུ་བའི་ཐྲ་ན་མེད་པའི་མི་ཚེ་ཞིག་ཡིན་ལ། འོད་སྟོང་འབར་བའི་མི་ཚེ་ཞིག་ཀྱང་ཡིན་ཞིང་། ཁོང་གི་སྐུ་ཚེ་གང་པོའི་མི་ཚེའི་རིན་ཐང་ཆེ་ཤོས་དེ་མངོན་གྱུར་ཐུབ་པ་རེད། དེས་ན་ལེ་ཧྥུང་ནི་ང་ཚོས་ནམ་ཡང་སློབ་སྦྱོང་ཞུ་འོས་པའི་མིག་དཔེ་བཟང་པོ་ཞིག་ཡིན།

མི་ཇི་ལྟར་བྱེད་དགོས་མིན་དང་གང་གི་དོན་དུ་འཚོ་དགོས་མིན་ཤེས་དགོས་པ།

མི་ཇི་ལྟར་བྱེད་དགོས་མིན་དང་གང་གི་དོན་དུ་འཚོ་དགོས་མིན་ཤེས་ཚེ་ད་གཟོད་མི་ཚེའི་རིན་ཐང་མངོན་གྱུར་ཐར་བས་ལེགས་པ་ཡོང་ཐུབ། རྒྱུན་གཏན་གྱི་སློབ་སྦྱོང་དང་ལས་ཀའི་ཁྲོད་ལེ་ཧྥུང་གིས་རྒྱུན་ཆད་མེད་པར་སློབ་སྦྱོང་བྱེད་པ་དང་ནན་ཏན་དང་བསམ་གཞིག

བྱས་པ་བརྒྱུད་གནད་དོན་དེ་གཉིས་སྔར་གྱི་སྔོག་ཤིང་དང་ངོ་བོར་ཕྱོགས་སྡོམ་བྱས་པ་དང་། མི་ཇི་ལྟར་བྱེད་དགོས་མིན་དང་གང་གི་དོན་དུ་འཚོ་དགོས་མིན་བཅས་ཤེས་རྟོགས་ཐུབ་པའི་ཐོག་ནས་རང་ཉིད་ཀྱི་མི་ཚེའི་ལྟ་བའི་གནད་དོན་ཁག་ཐག་གཅོད་བྱས་པ་མ་ཟད་རང་ཉིད་ཀྱི་མི་ཚེའི་རིན་ཐང་དང་དོན་སྙིང་ཡང་གསལ་པོ་རྟོགས་ཡོད།

ལོ་གཅིག་གི་དབྱར་ཁར་ཤར་ལྷོའི་མཚོ་རྒྱུད་ཀྱི་གནས་བབས་ཛ་དྲག་ཆེ་བས་ལེ་ཧྥུང་ཡོད་སའི་དམག་དཔུང་ལ་གོང་རིམ་གྱི་བཀའ་འཁྱོར་ཧེ་ད་ཐེངས་ཀྱི་བྱ་སྤྱོད་ནང་ཞུགས་རྒྱུའི་རེ་བ་བཏོན། ལེ་ཧྥུང་གིས་གོང་རིམ་གྱི་བཀའ་རྒྱ་དེ་ཐོས་རྗེས་སྐྱིལ་ལྷུག་ཆེན་པོ་ཐེབས་ཏེ་གཡུལ་སར་དམག་འཐབ་བྱེད་པར་ཞུགས་རྒྱུའི་རེ་འདུན་ཡི་གེ་ཞིག་བྲིས་ནས་བརྒྱ་དཔོན་ལ་འབུལ་རྩིས་བྱས། སྐབས་དེར་ལེ་ཧྥུང་ནི་ས་ཆ་གཞན་དུ་ལས་འགན་ཡོད་ཅིང་ལས་འགན་བསྒྲུབས་རྗེས་མཚན་མོ་དེ་རང་དུ་རི་ཁྲུལ་ནས་དཔུང་སྡེའི་ཐ་ནས་ཡུལ་དུ་ལོག་ཡོང་། བརྒྱ་ཤོག་ཏུ་སླེབས་སྐབས་མཚན་གུང་ཡིན་པ་དང་ལེ་ཧྥུང་གིས་མཚན་མོའི་སྐབས་དང་བསྟུན་ནས་རླངས་འཁོར་འཛོག་སར་བལྟས་པས་རླངས་འཁོར་གསར་པ་བཞག་ཡོད་པ་དང་དེའི་ཐོག་ཏུ་ལྗང་མདོག་གི་རྫུན་ཆས་དྲ་བ་གཡོགས་ཡོད་པ་མཐོང་བས། ཁོང་གི་བསམ་བློར་དམག་དཔུང་ལ་ལས་འགན་གསར་པ་ཞིག་ཡོད་པ་འདྲ་སྙམ། ལེ་ཧྥུང་གིས་རང་གི་སྙན་ཞུའི་ཡི་གེ་དེར་ལག་པས་རེག་ཙམ་བྱས་ནས་སེམས་སུ་ལོག་ཡོང་བའི་དུས་ཚོད་ཏག་ཏག་འབྱུང་འདུག་སྙམ། སྔོད་བྱས་ཁོང་ལ་རླངས་འཁོར་འདི་དག་དང་ཕྲུལ་འབྱུང་གི་ཁ་ལོ་བ་མང་པོ་ཞིག་ཉིན་མཚན་བསྟུད་མར་རྡོག་ཐོན་བྱས་ཏེ་ཧྥུའུ་ཅན་གྱི་འཐབ་ས་མདུན་མར་ལས་འགན་སྒྲུབ་པར་གཏོང་རྒྱུ་རེད་འདུག་ཅེས་བཤད། ལེ་ཧྥུང་གིས་ཁ་ལོ་བ་སུ་སུ་ཡོད་དམ། ད་ལྟ་གཏན་འཁེལ་བྱས་ཟིན་ནམ་ཞེས་དྲིས་པར་སྔོད་བྱས་ཁོང་ལ་བརྒྱ་ཤོག་ཚོགས་ཁང་གི་གློག་སྒྲོན་མ་མཐོང་ངམ། ཏང་གྲི་ཕུའི་འགོ་ཁྲིད་ཀྱིས་ཞིབ་འཇུག་དང་ཐག་གཅོད་བྱེད་བཞིན་པའི་སྐབས་རེད་ཅེས་ལན་བཏབ་པས། ལེ་ཧྥུང་གིས་བྲེལ་འཚུབ་ངང་ཚོགས་ཁང་དུ་བསྐྱོད་ནས་སྒོ་བརྡུངས་ཏེ་བརྒྱ་དཔོན་ལ་ཁོང་འཐབ་ས་མདུན་མར་གཏོང་རྒྱུའི་དགོངས་སྐོར་ཞུས། བརྒྱ་དཔོན་གྱིས་དགོད་ཞོར་དུ། ཁྱོད་རི་ཁྲུལ་གྱི་གཡུལ་ས་ནས་ཕྱིར་ལོག་མ་ཐག་མིན་ནམ། ད་ལྟ་ཡང་གཡུལ་སར་གཏོང་བའི་རེ་བ་ཞུ་བ་ཡིན་ནམ་ཞེས་བཤད་པས། ལེ་ཧྥུང་གིས་ང་རང་ཧྥུའུ་ཅན་གྱི་འཐབ་ས་མདུན་མར་འགྲོ

རྒྱུའི་སེམས་འདུན་ཡོད་ཅེས་རང་གི་སྐན་ཞུའི་ཡི་གེ་དེ་འདོན་ཞོར་དུ། བརྒྱ་དཔོན་ལགས། ཁྱེད་ཀྱིས་ངའི་སྐབས་འདིའི་སེམས་ཁམས་ཤེས་ངེས་ལགས། འཐབ་ས་མདུན་མར་བསྐྱོད་དེ་དགྲ་བོ་གསོད་རྒྱུ་ནི་ངའི་རེ་བ་ཡིན། ཁྱེད་ཀྱིས་བསམ་ཤེས་ཐུབ་རྒྱུའི་རེ་བ་ཡོད་ཅེས་བཤད་པར། བརྒྱ་དཔོན་གྱིས་ལེ་རྒྱུང་གི་ཕྲག་པར་བཙག་བཙག་བྱས་ནས་གསུངས་དོན། ཁྱོད་ཀྱི་ད་ལྟའི་སེམས་ཁམས་དེར་ང་ཚོས་བསམ་ཤེས་ཐུབ་ཀྱི་འདུག །གོང་རིམ་ནས་གཡུལ་ས་མདུན་མར་འགྲོ་རྒྱུར་གཏན་འཁེལ་བའི་མི་སྣ་སྒྲིག་འཛུགས་བྱས་ཟིན་པའི་གྲས་སུ་ལེ་རྒྱུང་མེད། བརྒྱ་དཔོན་གྱིས་ལེ་རྒྱུང་གི་སྐན་ཞུའི་ཡི་གེར་བལྟ་ཙམ་བྱས་ནས་ཁོང་སྟོན་ལ་དལ་གསོ་རྒྱག་ཏུ་བཅུག་པ་དང་འབྲེལ་ལེ་རྒྱུང་ལ། ཁྱོད་ཀྱིས་ང་ཚོའི་ལས་ཀ་ནི་ཁྱོན་ཡོངས་ལ་བསམ་བློ་གཏོང་དགོས་པ་གསལ་པོར་ཤེས་དགོས་པ་མ་ཟད། ད་ལྟའི་གནས་ཚུལ་རྙོག་འཛིང་ཆེ་ཙམ་ཡོད་པས་མདུན་ཕྱོགས་དང་རྒྱབ་ཕྱོགས་གཉིས་ཀར་ང་ཚོ་དགོས་མཁོ་ཡོད་པ་གསལ་པོར་ཤེས་དགོས་ཞེས་དྲན་སྐུལ་ཡང་བྱས་པ་རེད།

ཏ་ཅང་ཁྱུ་སིམ་པའི་མཚན་མོ་དེར། ལེ་རྒྱུང་མལ་ཁྲིའི་ཐོག་ཏུ་ཉལ་ཡོད་ཀྱང་གཉིད་མ་ཁུག །ཁོང་གིས་ཉལ་མ་བསླེབས་ཀྱིས་ཡང་སྐོར་བསྐྱར་སྐོར་དང་བརྒྱ་དཔོན་གྱི་སྐད་ཆར་བསམ་བློ་གཏོང་བཞིན། སྤྱི་ཚོགས་རིང་ལུགས་ཀྱི་གསར་བརྗེའི་འཕེལ་རིམ་ནང་མི་ཚང་མ་སྤྱི་ཚོགས་རིང་ལུགས་ཀྱི་འཁྲུལ་འཁོར་ཆེན་པོ་འདིའི་ཐོག་གི་གཅུས་གཟེར་ཞིག་དང་འདྲ་ཞིང་། འཁྲུལ་འཁོར་དེའང་གཅུས་གཟེར་མང་པོས་འབྲེལ་མཐུད་དང་གཏན་འཇགས་བྱུང་ན་ད་གཟོད་རྒྱུན་གཏན་དང་འཁོར་སྐྱོད་བྱེད་ཐུབ་པ་དང་། སྨྲ་ཞིང་བརྟན་པའི་ཕུང་པོ་ཞིག་ཏུ་འགྱུར་ཐུབ་པའི་བློ་སྒོ་ཞིག་འཆར། འཁྲུལ་འཁོར་ཆེན་པོའི་སྟེང་གི་གཅུས་གཟེར་ཆུང་ཆུང་ཞིག་ལ་མཚོན་ན་མ་གཞི་བརྗོད་རིན་མེད་པ་ལྟ་བུ་ཞིག་ཡིན་མོད། འོན་ཀྱང་དེའི་ནུས་པ་ནི་མེད་དུ་མི་རུང་བ་ཞིག་རེད། གཅུས་གཟེར་མེད་ན་འཁྲུལ་འཁོར་རྩིལ་པོ་འཁོར་སྐྱོད་བྱེད་ཐབས་བྲལ་བས། ལེ་རྒྱུང་གིས་འཁྲུལ་འཁོར་འདིའི་སྟེང་གི་གཅུས་གཟེར་ཆུང་ཆུང་ཞིག་བྱེད་རྒྱུའི་ཚོད་སེམས་བརྟན་པོས་སྤྱི་ཚོགས་རིང་ལུགས་ཀྱི་རྒྱལ་ཁབ་འཛུགས་སྐྲུན་བྱེད་པར་རང་ཉིད་ཀྱི་སྟོབས་ཤུགས་སྤྲེས་སུ་འབུལ་རྒྱུའི་འདུན་པའང་བྱུང་། དེ་ལྟར་སྐུ་མདའ་བཏང་བ་མཐོང་སྐབས་ཁོང་གི་སེམས་སུ་བློ་བུར་དུ་བརྗོད་དུ་མེད་པའི་སྤྲོ་སྣང་ཞིག་འཕེལ་བ་དང་འཐབ་འཛིང་པ་ཞིག་གིས་མི་དམངས་བདེ་སྲུང་ལས་བརྩོན་ལ་སྲུང་སྐྱོང་བྱེད་ཐུབ་ན་གཡུལ་ས་མདུན་མ་དང་རྒྱབ་ཕྱོགས་གང་དུའང་འཐབ་འཛིང་དང་ཞབས་ཞུ་སྒྲུབ་ཆོག་སྙམ། ནམ་ལངས་རྗེས་ལེ་རྒྱུང་གིས་བརྒྱ་

དཔོན་བཙལ་ནས་རང་ཉིད་ཀྱི་བསམ་བློའི་འཐབ་རྩོད་ཀྱི་བྱུང་རིམ་དག་སྣན་སེང་ཞུས་ཏེ། བརྒྱ་དཔོན་ལགས། ང་རང་བསམ་བློ་ཐོབ་སོང་། གཡུལ་ས་མདུན་མ་དང་རྒྱབ་ཕྱོགས་གང་ཡིན་རུང་ཚང་མ་ང་ཚོའི་གཡུལ་ས་རེད་ཅེས་བཤད་པར་བརྒྱ་དཔོན་གྱིས་ཡིད་ཆེས་པའི་སྒོ་ནས་ངས་ཁྱེད་ཀྱིས་བསམ་བློ་ཐོབ་ངེས་རེད་བསམ་བྱུང་ཞེས་བཤད། དེ་ལྟར་གཡུལ་ས་མདུན་མར་བསྐྱོད་རྒྱུའི་ལྡིང་ཐེག་ཐངས་འཁོར་དག་བསྐྱོད་འགོ་ཚུགས་ཤིང་ལེ་ཧྲུང་དང་བློ་མཐུན་གཞན་གྱིས་ཁོ་ཚོ་ཕེབས་སྐྱེལ་ཞུས་རྗེས་སུ་མཐུད་རང་འཁྲིའི་ལས་ཀའི་ཐོག་ཏུར་ཐག་དང་ཞུགས་སོ།།

ལེ་ཧྲུང་གི་གཞན་དོན་སྒྲུབ་པ་དང་། སྒེར་སེམས་མེད་པར་ལེགས་སྐྱེས་འབུལ་བ། དཀའ་སྤྱད་འབད་བརྩོན། སྤྱི་དོན་གཙོར་འཛིན་བཅས་ལ་དགའ་བའི་བསམ་བློའི་ཐོག་ནས་བློ་གཅིག་སེམས་གཅིག་གིས་མི་དམངས་ལ་ཞབས་འདེགས་ཞུ་བའི་ལྷག་བསམ་ཞིག་མཚོན་ཡོད། ལེ་ཧྲུང་ལ་མཚོན་ན་མི་ཇི་ལྟར་བྱེད་དགོས་པ་དང་གང་གི་དོན་དུ་འཚོ་དགོས་པའང་གསལ་པོ་ཤེས་ཀྱི་ཡོད། ང་ཚོ་སློབ་གྲྭ་འབྲིང་ཆུང་གི་སློབ་མ་ཞིག་ཡིན་པའི་ངོས་ནས་ལེ་ཧྲུང་ལ་སློབ་སྦྱོང་བྱས་ཏེ་ང་ཚོའི་ཚེ་སྲོག་གི་དོན་སྙིང་ནི་ང་ཚོ་དང་ང་ཚོའི་མེས་རྒྱལ་གྱི་འབྱུང་འགྱུར་སྔར་བས་མཛེས་སྡུག་ལྡན་པ་ཡོང་ཆེད་ཡིན་པ་ཤེས་སུ་འཇུག་དགོས།

མི་ཚེའི་རིན་ཐང་མངོན་གྱུར་ཐུབ་མིན་ནི་ལེགས་སྐྱེས་ལ་རག་ལུས་ཡོད།

མའོ་ཀྲུའུ་ཞིས་རྟག་ཏུ་མི་དམངས་ལ་ཞབས་འདེགས་ཞུ་དགོས་ཞེས་གསུངས་པ་དེ་ལེ་ཧྲུང་གིས་དུས་དང་རྣམ་པ་ཀུན་ཏུ་བློ་ལ་བརྟན་པོར་ངེས་ཡོད་པ་དང་། དེ་བས་ཀྱང་ལག་ལེན་དུ་འཁྱོལ་ཡོད་དེ་དགོས་མཁོ་ཡོད་མཁན་ཚོར་རོགས་རམ་བྱས་ཏེ་དུས་དང་རྣམ་པ་ཀུན་ཏུ་མི་དམངས་ལ་དྲོ་སྙིང་སྦྱིན་ཡོད། བློ་གཅིག་སེམས་གཅིག་གིས་མི་དམངས་ལ་ཞབས་འདེགས་ཞུ་རྒྱུ་ནི་རང་རེའི་ཏང་གི་རྩ་བའི་དམིགས་ཡུལ་ཡིན་ལ། ལེགས་སྐྱེས་འབུལ་རྒྱུའི་སྙིང་སྟོབས་ཀྱང་རང་རེའི་ཏང་གིས་འབོད་སྐུལ་བྱེད་པའི་ནང་དོན་གལ་ཆེན་ཞིག་ཡིན། བློ་མཐུན་ལེ་ཧྲུང་ཏང་ཡོན་ཞིག་ཡིན་པའི་ངོས་ནས་དུས་དང་རྣམ་པ་ཀུན་ཏུ་ཏང་གི་འབོད་སྐུལ་དང་ལེན་བྱས་ཡོད་

པ་མ་ཟད་ལག་ལེན་དངོས་ནང་ཞུགས་ཐུབ་པ་བྱུང་ཡོད།

ཐེངས་ཤིག་འཐབ་གྲོགས་ཤིག་ལ་ཉིན་པོ་བྲི་སའི་འབྲི་དེབ་མེད་པ་ལེ་ཧྥུང་གིས་ཁོ་ཐོས་བྱུང་རྗེས་མྱུར་དུ་འབྲི་དེབ་གསར་པ་ཞིག་ཁོ་ལ་སྤྲད། འདི་ནི་དོན་དག་ཆུང་ཆུང་ཞིག་ཡིན་མོད། འོན་ཀྱང་དོན་དག་ཆུང་ཆུང་འདི་དག་གི་ཐོག་ནས་ལེ་ཧྥུང་གིས་རང་ཉིད་ཀྱི་ཡོད་ཚད་དང་ཐ་ན་ཚེ་སྲོག་ཀྱང་ཧང་དང་མི་དམངས་ལ་འབུལ་འདོད་པ་མངོན་ཐུབ། ནམ་ཡང་གཞན་ལ་མང་ཙམ་སྤྲོད་པ་དང་། གཞན་གྱི་ས་ནས་ཉུང་ཙམ་ལེན་པའི་གུང་ཁྲན་རིང་ལུགས་ཀྱི་སྙིང་སྟོབས་དེ་རིགས་ལེ་ཧྥུང་གིས་བྱ་སྤྱོད་དངོས་ཀྱི་ཐོག་ནས་ལག་ལེན་མཐར་ཕྱིན་བསྟར་ཐུབ་ཡོད་པ་མ་ཟད། ཁོང་གིས་ཐོག་མཐའ་བར་གསུམ་དུ་བརྟན་སྲུང་གནང་གི་ཡོད། ལེ་ཧྥུང་གིས་འདི་ལྟར་ནམ་ཡིན་ཡང་མི་དམངས་དང་མེས་རྒྱལ་གྱི་ཁེ་ཕན་ཨང་དང་པོར་བཞག་སྟེ། མེས་རྒྱལ་དང་མི་དམངས་ཀྱི་ཆེད་དུ་རང་ཉིད་ཀྱི་ཡོད་ཚད་བློས་གཏོང་བྱེད་འདོད་པ་དང་། སྤྱི་ཚོགས་རིང་ལུགས་དང་གུང་ཁྲན་རིང་ལུགས་ཀྱི་ཆེད་དུ་རང་ཉིད་ཀྱི་ལང་ཚོ་དང་ཐ་ན་ཚེ་སྲོག་ཀྱང་ལེགས་སྐྱེས་འབུལ་བཞིན་མཆིས།

མའོ་ཙེ་ཏུང་གི་གསུང་ཙོམ་གཅེས་བསྡུས།
དེབ་བཞི་པ།

མི་ཚེའི་རིན་ཐང་ནི་ལེགས་སྐྱེས་འབུལ་རྒྱུ་དེ་ཡིན་པ་དང་། ལེགས་སྐྱེས་ཕུལ་ཐུབ་པ་ནི་གཞི་ནས་དོན་སྙིང་ལྡན་པའི་མི་ཚེ་ཞིག་རེད། མི་ཞིག་གི་མི་ཚེའི་རིན་ཐང་ནི་མི་དེས་སྤྱི་ཚོགས་ལ་བཞག་པའི་མཛད་རྗེས་ལ་བལྟ་དགོས། ལེ་ཧྲུང་གི་མི་ཚེ་ནི་ལེགས་སྐྱེས་ཁྱད་ཀྱི་མི་ཚེ་ཞིག་དང་དོན་སྙིང་ལྡན་པའི་མི་ཚེ་ཞིག་རེད། ང་ཚོའི་སློབ་གྲྭ་འབྲིང་ཆུང་གི་སློབ་མས་ལེ་ཧྲུང་གི་ལེགས་སྐྱེས་འབུལ་བའི་སྙིང་སྟོབས་ལ་སློབ་སྦྱོང་བྱས་ཏེ་ཆུང་དུས་ནས་མི་ཚེའི་རིན་ཐང་མངོན་གྱུར་བྱེད་རྒྱུ་དེ་ལེགས་སྐྱེས་ཕུལ་མིན་ལ་རག་ལུས་པ་གསལ་པོ་ཤེས་པ་བྱེད་དགོས།

གཞན་ལ་རོགས་རམ་བྱས་ཚེ་རང་ལ་སྐྱི་བ་འཕེལ་ངེས།

གཞན་དོན་སྒྲུབ་པར་དགའ་བ་ནི་ཀྲུང་ཧྭ་མི་རིགས་ཀྱི་སྲོལ་རྒྱུན་སྤྱོད་བཟང་ཞིག་ཡིན། ལེ་ཧྲུང་གིས་གཞན་དོན་སྒྲུབ་རྒྱུ་དེ་རང་ཉིད་ཀྱི་བྱ་སྤྱོད་ཀྱི་ཚད་གཞིར་འཛིན་པ་དང་། མི་གཞན་ལ་རོགས་རམ་བྱེད་པ་དེ་རང་ཉིད་ཀྱི་སྤྲོ་སྣང་དུ་བརྩི་བཞིན་ཡོད། ཁོང་གིས་རང་ཉིད་ཀྱི་དངོས་པོ་ཡོད་ཚད་མི་གཞན་ལ་སྤྲོད་འདོད་པ་དང་། གཞན་ལ་རོགས་རམ་མང་ཙམ་བྱེད་འདོད་པ། དེ་བས་རང་ཉིད་ཀྱི་ཚེ་སྲོག་དང་ལང་ཚོའང་མེས་རྒྱལ་དང་མི་དམངས་ལ་འབུལ་འདོད་པ་ནི་ཁོང་གི་བླ་ན་མེད་པའི་ཚོད་སེམས་ཉག་ཅིག་གོ།

ཐེངས་ཤིག་ལེ་ཧྲུང་ཕྱི་ལ་འགྲོ་དགོས་པ་དང་རླངས་འཁོར་འབབ་ཚུགས་ས་ག་གེ་མོ་ཞིག་ནས་རླངས་འཁོར་བརྗེ་སྐབས། སྤྲ་སེ་ལེན་སའི་སྒོར་མི་མང་པོ་ཞིག་གིས་བྲིས་པ་ཁྱུར་བའི་བུད་མེད་དར་མ་ཞིག་ལ་བལྟ་བཞིན་ཡོད་པ་མཐོང་། རྩད་གཅོད་བྱས་པ་བརྒྱུད་བུད་མེད་འདི་ཕྱི་ལ་ཁྲོ་གར་བལྟ་བར་འགྲོ་རྩིས་ཡོད་པ་དང་། ལམ་བར་དུ་མོའི་རླངས་འཁོར་གྱི་སྤྲ་སེ་དང་སྒོར་མོ་གཞན་གྱིས་བརྐུས་པ་ཤེས་རྟོགས་བྱུང་། ལེ་ཧྲུང་གིས་དེ་མུར་རང་ཉིད་ཀྱི་དངུལ་བཏོན་ཏེ་མེ་འཁོར་གྱི་སྤྲ་སེ་ཞིག་ཉོས་ནས་མོའི་ལག་ཏུ་སྤྲད་པས། བུད་མེད་དེ་སེམས་འགུལ་ཚད་མེད་ཐེབས་ཏེ་མིག་ཆུ་གཏོང་བཞིན་དུ་སྨུན་གྲོགས་ལགས། ཁྱེད་ཀྱི་མིང་ལ་ཅི་ཟེར། ལས་ཁུངས་གང་ནས་ཡིན་ཞེས་དྲིས། ལེ་ཧྲུང་གིས།

ངའི་མིང་ལ་བཙིངས་འགྲོལ་དམག་མི་ཟེར། གྲུང་གོར་བསྡད་ཀྱི་ཡོད་ཅེས་ལན་བཏབ་ཅིང་མི་ཚོགས་ཁྲོད་ནས་གར་སོང་ཆ་མེད་དུ་གྱུར།

ལེ་ཧྥུང་གིས་དུས་དང་རྣམ་པ་ཀུན་ཏུ་མི་དམངས་ལ་ཞབས་འདེགས་ཞུ་ཡི་ཡོད་ལ། ཁོང་གི་གཞན་དོན་སྒྲུབ་པར་དགའ་བ་སྙོམ་པའི་སྙིང་སྟོབས་དེ་ནམ་ཡང་མི་རྣམས་ཀྱི་སློབ་སྦྱོང་བྱ་ཡུལ་དུ་གྱུར་པ་ནི་སྨོས་མེད་རེད། ང་ཚོ་དེང་རབས་ཀྱི་སློབ་གྲྭ་འབྲིང་ཆུང་གི་སློབ་མ་ཞིག་ཡིན་པའི་ངོས་ནས་ཁོང་གི་གཞན་དོན་སྒྲུབ་པར་དགའ་བའི་གཤིས་རྒྱུད་ལ་སློབ་སྦྱོང་བྱེད་དགོས་པ་དང་། མི་གཞན་ལ་དགའ་ངལ་ཡོད་པ་ཤེས་སྐབས་རང་ཉིད་ཀྱིས་ནུས་ཤུགས་གང་ཡོད་བཏོན་ནས་རོགས་རམ་བྱེད་དགོས། གང་ལགས་ཤེ་ན་གཞན་ལ་རོགས་རམ་བྱས་ཚེ་རང་ལ་སྐྱོ་བ་འཕེལ་ངེས་ཡིན།

སྐྱེར་གྱི་ཁེ་ཕན་ནམ་ཡང་ཐུན་མོང་གི་ཁེ་ཕན་ལ་བསྟུན་དགོས།

རང་རྒྱལ་གྱིས་ད་ལྟ་ལག་བསྟར་བྱེད་བཞིན་པ་ནི་སྤྱི་ཚོགས་རིང་ལུགས་ཀྱི་ཚོང་རའི་དཔལ་འབྱོར་ལམ་སྲོལ་ཡིན་པ་དང་། སྤྱི་ཚོགས་རིང་ལུགས་ཀྱི་ཚོང་རའི་དཔལ་འབྱོར་ལམ་སྲོལ་གྱིས་མཚོན་པ་ནི་རང་རྒྱལ་གྱི་ཆེས་ཆེ་བའི་ངལ་རྩོལ་མི་དམངས་ཀྱི་ཐུན་མོང་གི་ཁེ་ཕན་དེ་ཡིན། ཚོང་རའི་དཔལ་འབྱོར་ཐད་རྩོལ་བསྐུན་ཐོབ་སྤྲོད་གཙོ་བོར་འཛིན་རྒྱུ་དང་། སྣ་མང་མཉམ་གནས་ཀྱི་བགོ་བཤའི་ལམ་ལུགས་གཙོར་འཛིན་བྱས་ཡོད་ཅིང་། ལས་མང་ཐོབ་མང་དང་ལས་ཉུང་ཐོབ་ཉུང་ཡིན། སྤྱི་ཚོགས་རིང་ལུགས་ཀྱི་ཚོང་རའི་དཔལ་འབྱོར་གྱི་སྒེར་གྱི་ཁེ་ཕན་དང་ཐུན་མོང་གི་ཁེ་ཕན་གཉིས་རྩ་བའི་ཐོག་ནས་བཤད་ན་གཅིག་མཐུན་ཡིན་པ་དང་། ཐུན་མོང་གི་ཁེ་ཕན་ནི་སྒེར་གྱི་ཁེ་ཕན་དང་ཆ་ཤས་ཀྱི་ཁེ་ཕན་གྱི་འགག་སྒྲུང་ཡིན་པ། ཐུན་མོང་གི་ཁེ་ཕན་མངོན་འགྱུར་བྱུང་ན་ད་གཟོད་སྒེར་གྱི་ཁེ་ཕན་ལ་སྲུང་སྐྱོང་ནུས་ལྡན་བྱེད་ཐུབ་པ། ཐུན་མོང་གི་ཁེ་ཕན་མངོན་གྱུར་བྱུང་ན་སྒེར་གྱི་ཁེ་ཕན་ཡང་མངོན་གྱུར་འབྱུང་སྲིད་ལ་ཐུན་མོང་གི་ཁེ་ཕན་མེད་ན་སྒེར་གྱི་ཁེ་ཕན་ཡང་མེད། དེར་བརྟེན་སྤྱི་ཚོགས་རིང་ལུགས་ཀྱི་ཚོང་

རའི་དཔལ་འབྱོར་གྱི་ངོ་བོ་ནི་སྔར་བཞིན་ཐུན་མོང་རིང་ལུགས་ཡིན་པ་ལས་སྒེར་སྒྱོད་རིང་ལུགས་མིན།

ལོ་གཅིག་གི་དབྱར་ཁར། དམག་དཔུང་གནས་སའི་ས་གནས་ཀྱི་གནམ་གཤིས་ལ་འགྱུར་བ་ཆེན་པོ་བྱུང་བ་དང་། ཉིན་འགའ་བསྟུད་མར་དྲག་ཆར་བབས་ནས་ས་དེར་ཆུ་ལོག་གི་གནོད་འཚེ་བྱུང་སྟེ། ལོ་ཏོག་བསྣུབས་ཤིང་གཞུང་ལམ་དང་། དམའ་སར་གནས་པའི་ཁང་པ་ཁ་ཤས་ཀྱང་བསྣུབས་ཤིང་མི་དམངས་ཀྱི་ཚེ་སྲོག་དང་རྒྱུ་ནོར་གྱི་བདེ་འཇགས་ལ་འཇིགས་སྐྲུལ་ཚབས་ཆེན་བཟོས་པས། ས་གནས་དེ་གའི་ཨར་ལས་དང་ཐོན་སྐྱེད་ཀྱི་ལས་སྒོ་གཞན་དག་གཉེར་མཚམས་མི་འཇོག་ཀ་མེད་བྱུང་བ་རེད། དམག་དཔུང་ལ་གོང་རིམ་གྱི་ཆུ་ལོག་འགོག་པ་དང་ཉེན་ཁ་སྒྱུར་སེལ་གྱི་བཀའ་རྒྱ་འབྱོར་ཞིང་། སྐྱེལ་འདྲེན་རྟ་ཁག་གི་ཐྲངས་འཁོར་ཚང་མ་གྲ་སྒྲིག་བྱས་ཟིན་ལ་འགོ་ཁྲིད་ཀྱིས་བཀའ་རྒྱ་བརྒྱུད་བསྒྲགས་དང་ལས་འགན་བགོ་སྐབས་ལེ་ཧྥུང་གི་གཟུགས་པོའི་གནས་ཚུལ་ལ་གཞིགས་ནས། ལེ་ཧྥུང་དམག་དཔུང་དུ་སྡོད་བྱར་འཛུག་རྒྱུའི་ཐག་བཅད། ལེ་ཧྥུང་གིས་གོང་རིམ་གྱི་བཀོད་པོ་ཕོས་རྗེས་སྒྱུར་དུ་འགོ་ཁྲིད་བཙལ་ནས་འདི་སྐད་བརྗོད། འདི་འདྲའི་ཛ་དྲག་ཆེ་བའི་དུས་སྐབས་སུ་ང་དམག་དཔུང་གི་སྡོད་བྱར་མ་འཛུག་རོགས། ང་ཡང་

བློ་མཐུན་གཞན་པ་དང་མཉམ་དུ་ཞོད་འགོག་གེགས་སེལ་བྱ་བར་འགྲོ་རྒྱུ་ཡིན་ཞེས་བཤད། འགོ་ཁྲིད་ཀྱིས་ཁྱོད་ཀྱི་ལག་པའི་རྨ་ཁ་ད་དུང་དྲག་སྐྱིད་བྱུང་མེད་པས་ཇི་ལྟར་བྱས་ནས་ཞོད་འགོག་གེགས་སེལ་བྱེད་པར་འགྲོ་ཞེས་བཤད་པས་ལེ་ཧྥུང་གིས་འཕྲུལ་མར་ལག་པའི་རྨ་རས་དཀྲོལ་ནས། དབུ་ཁྲིད་ལགས་གཟིགས་དང་། མགྱོགས་པོ་དྲག་སྐྱིད་ཡོང་བ་འདུག་ཅེས་བཤད།

ལེ་ཧྥུང་གི་ལག་པའི་རྨ་ཁ་དེ་ནི་ཉིན་ཤས་གོང་སྐར་ཁྲུལ་གྱི་ཕྱིའི་ཤིང་ཁང་ཞིག་ལ་མེ་སྐྱོན་ཤོར་སྐབས། ཁོང་གིས་རང་སྲོག་ཕངས་མེད་དང་མི་གསོད་དུས་འཚོག་རྨས་བྱུང་བ་ཞིག་རེད། ལེ་ཧྥུང་གིས་རང་ཉིད་ཀྱི་བསམ་བློ་མཐའ་འཁྱོངས་བྱས་པར་བརྟེན། འགོ་ཁྲིད་ཀྱིས་ཁོང་གེགས་ཁྲལ་དུ་ཉེན་འགོག་གེགས་སེལ་བྱེད་པར་འགྲོ་རྒྱུར་མོས་མཐུན་བྱས། དེ་ལྟར་ལེ་ཧྥུང་དང་དམག་དཔུང་གི་བློ་མཐུན་གཞན་ཚོ་ས་གནས་དེ་གའི་ཆུ་མཛོད་དུ་འཁྱོར། ཁོང་ཚོ་སླེབས་སྐབས་ཆུ་མཛོད་ཀྱི་མཐའ་སྐོར་དུ་ཞོད་འགོག་དཔུང་ཆེན་གཞན་ཞིག་ཀྱང་ཡོད་པ་དང་། མི་ཁྲི་སྟོང་མང་པོས་དར་སྐད་སྒྲོག་ཅིང་ཆུ་ལོག་ལ་འཐབ་རྩོད་དྲག་པོ་བྱེད་བཞིན་ཡོད།

ཉིན་དེའི་དགོང་མོར་འབྲུག་སྒྲ་ལྡིར་ཞིང་ཆར་རླུང་དྲག་པོ་ལྡང་ལ་ཆར་པའང་སྦར་བས་ཆེ་བ་ཞིག་བབས་པས་ཆུ་མཛོད་ཀྱི་ཆུ་ཁ་རྒྱུན་ཆད་མེད་པར་མཐོ་རུ་སོང་སྟེ་ཆུ་རགས་ཀྱང་མཐོང་རྒྱུ་མེད་པར་གྱུར། བཀོད་འདོམས་པུའུ་ཡི་འགོ་ཁྲིད་ཀྱིས་མྱུར་དུ་མཆན་མོ་དེ་རང་ལ་ཆུ་ལོག་འབུད་སའི་ཆུ་ཡུར་བསྔོགས་ཏེ་ལོ་ཏོག་ཐན་བུ་ཆུས་བསྐྱབས་དུང་། མི་དམངས་ཀྱི་ཚེ་སྲོག་དང་རྒྱུ་ནོར་གྱི་བདེ་འཇགས་ལ་འགན་ལེན་བྱ་ཐུབ་རྒྱུའི་ཐབས་ཐག་བཅད། ལེ་ཧྥུང་ཡོད་སའི་དམག་དཔུང་གིས་ཆུ་ལོག་འབུད་སའི་ཆུ་ཡུར་བསྔོག་རྒྱུའི་ལས་འགན་དང་ལེན་བྱས་ཤིང་། བློ་མཐུན་ཡོངས་ཀྱིས་སེམས་ཤུགས་གཅིག་སྒྲིལ་གྱིས་མཚན་མོ་དེར་འབད་འཐབ་ལྷོད་མེད་བྱས། ལེ་ཧྥུང་གིས་ཐ་ན་རང་གི་ལུས་པོའི་རྨས་སྐྱོན་ཡང་ཐད་དེ་བརྗེད་ནས་འཐབ་ཕྲོགས་ཚོ་དང་མཉམ་དུ་ཕྱུས་མོ་འདམ་ནང་བཙུག་ནས་ཆར་རླུང་ལ་མ་འཛེམ་པར་ལག་ནང་གི་སྨྱུག་མར་བརྟེན་ནས་ཆུ་ཡུར་རྔོག་ཅིང་། ཁོང་གི་བློ་ངོར་འཕྲུལ་མར་ཆུ་ལོག་འབུད་བཤངས་ཀྱི་ཆུ་ཡུར་རྔོག་ཐུབ་ན་ཅི་མ་རུང་སྙམ་གྱི་ཡོད།

སྐབས་དེ་དུས་ཆུ་རགས་སྟེང་གི་འདམ་རྫབ་དྲག་ཆར་གྱིས་དེད་ནས་ལེ་ཧྥུང་གི་ཐོག་ཏུ་ལྷུང་བས་ལག་པའི་སྨྱུག་མའང་གར་སོང་མེད་པར་གྱུར་པས། ལེ་ཧྥུང་གིས་སྨྱུར་སྨྱུར་བྱས་ནས་སྨྱུག་མ་བཙལ། འོན་ཏེ་སྐབས་དེ་དུས་མུན་རུབ

ཁར་ཆར་པ་ཡང་ཆེ་བས་ག་ཚོད་བཙལ་ཡང་མ་རྙེད། མཐར་ལེ་ཧྥུང་གིས་སྨྱུག་མ་མེད་པར་ལག་པས་ས་འདྲུས། ཡུད་ཙམ་ཞིག་ལ་ཁོང་གི་ལུས་ཡོངས་ལ་འདམ་འགོས་ཤིང་ལག་པས་དུས་ཚོད་རིང་པོ་རི་རིང་ས་འདྲུས་པས་ན་ཟུག་གིས་ཁེངས། ཉེ་འགྲམ་གྱི་བློ་མཐུན་ཞིག་གིས་ལེ་ཧྥུང་གི་ལག་པ་ནས་ཁྲག་དོན་པ་མཐོང་བས། ཁོང་ལ་མགྱོགས་པོ་འཕྲོད་བསྟེན་ཁང་དུ་འགྲོ་དགོས་པའི་ཁ་ཏ་བྱས། འོན་ཀྱང་ལེ་ཧྥུང་གིས་སུ་ལའང་མི་ཉན་པར་ད་དུང་ཁ་ནས་ཞོད་འགོག་གེགས་སེལ་གྱི་ལས་འགན་འགྲུངས་ན་ག་ནས་ཡོང་ཞེས་སྨྲ་མཐུད་ལག་པས་ས་འདྲུས། འགོ་ཁྲིད་ཀྱིས་ལེ་ཧྥུང་གི་ལག་ཏུ་སྨྱུག་མ་མེད་པར་ལག་པས་ས་འདྲུ་བཞིན་ཡོད་པ་གཟིགས་པས་རང་གི་སྨྱུག་མ་དེ་ཁོང་ལ་སྤྲོད་དགོས་བསམ་དུང་། ཉེ་ཆར་ཁོང་གི་གཟུགས་གཞི་ཐང་པོ་མེད་པས་ངལ་གསོ་རུ་འཇུག་དགོས་སྙམ་སྟེ་སྐད་ཆེན་པོས། ལེ་ཧྥུང་། ཁྱོད་ཀྱིས་ཞོད་འགོག་ཉེན་སེལ་གྱི་མི་བཟང་ལས་བཟང་སྐོར་གྱི་དྲིལ་བསྒྲགས་ལས་ཀ་བྱེད་དགོས། ཞེས་བཤད་པས། ལེ་ཧྥུང་གིས་མྱུར་དུ་ཁུ་རགས་འཛོགས་ཏེ་རྒྱང་བསྒྲགས་ཁང་དུ་འགྲོ་ཏྲིས་བྱེད་སྐབས་བློ་མཐུན་ཞིག་ལ་ཆར་གདུགས་ཀྱང་མེད་པར་ཆར་པའི་ཁྲོད་དུ་ལས་འགན་སྒྲུབ་བཞིན་པ་མཐོང་བས་མགྱོགས་མྱུར་རང་གི་ཆར་གདུགས་དེ་བློ་མཐུན་དེར་སྤྲད་རྗེས། གཞི་ནས་དྲིལ་བསྒྲགས་ཀྱི་ལས་ཀར་ཞུགས་སོ།། །

སྤྱི་ཚོགས་རིང་ལུགས་ཀྱི་ཚོང་རའི་དཔལ་འབྱོར་འོག །ཐུན་མོང་གི་ཁེ་ཕན་དང་སྒེར་གྱི་ཁེ་ཕན་གྱི་འབྲེལ་བར་དོ་སྣང་ཆེན་པོ་བྱེད་དགོས་པ་དང་། ལེ་ཧྥུང་གི་སྙིང་སྟོབས་དར་སྤེལ་ཤུགས་ཆེན་གཏོང་བ་དེ་ནི་མི་སྒེར་གྱི་ཁེ་ཕན་དབང་གིས་དོན་རྐྱེན་གལ་ཆེན་བྱུང་སྐབས་ཐུན་མོང་གི་ཁེ་ཕན་ལ་བརྩི་སྲུང་ཞུ་དགོས་པ་དེ་རེད། ང་ཚོའི་སློབ་གྲྭ་འབྲིང་ཆུང་གི་སློབ་མ་རྣམས་ཀྱིས་དུས་རྒྱུན་གྱི་འཚོ་བའི་ནང་ཐུན་མོང་གི་གཟི་བརྗིད་བློར་བཅངས་ནས་སྤྱི་ཚོགས་ཀྱི་སྤྱི་ཕན་བྱེད་སྐོར་མང་ཙམ་ཞུགས་ཏེ་སློབ་མ་བཟང་པོ་ཞིག་བྱེད་པར་འབད་དགོས།

ལེའུ་གསུམ་པ།

གྲོན་ཆུང་བསྲི་ཚགས་དང་དཀའ་སྤྱད་བབས་ཆགས།

གྲོན་ཆུང་བསྲི་ཚགས་དང་དཀའ་སྤྱད་བབས་ཆགས་ནི་ཀྲུང་ཧྭ་མི་རིགས་ཀྱི་སྲོལ་རྒྱུན་སྤྱོད་བཟང་ཞིག་ཡིན་ལ། ལེ་ཧྥུང་གིས་ལས་ཀ་དང་འཚོ་བའི་ཁྲོད་དུ་ཡ་རབས་ཀྱི་ཀུན་སྤྱོད་འདི་གཉིས་འདོན་སྤེལ་གང་ལེགས་བྱས་ཡོད། དཀའ་སྤྱད་བབས་ཆགས་དང་གྲོན་ཆུང་བསྲི་ཚགས་ནི་ལེ་ཧྥུང་གི་སྙིང་སྟོབས་ཀྱི་མཚོན་ཚུལ་ངོ་མ་དེ་ཡིན་ལ། ང་ཚོས་རྒྱུན་འཛིན་དང་དར་སྤེལ་གཏོང་རྒྱུ་ངོ་མ་དེའང་ཡིན།

གྲོན་ཆུང་བསྲི་ཚགས།

གྲོན་ཆུང་བསྲི་ཚགས་བྱེད་རྒྱུ་དེ་ཀྲུང་ཧྭ་མི་རིགས་ཀྱི་སྲོལ་རྒྱུན་སྤྱོད་བཟང་ཞིག་ཡིན་ལ། ང་ཚོས་ཆུང་དུས་ནས་གསོ་སྐྱོང་བྱ་འོས་པའི་གོམས་གཤིས་བཟང་པོ་དེའང་ཡིན། གྲོན་ཆུང་བསྲི་ཚགས་ཞེས་པ་ནི་གཙོ་བོ་ཕྱོགས་གཉིས་ནས་གོ་བ་སྟེ། ཕྱོགས་གཅིག་ནས་ལས་ལ་བརྩོན་ཞིང་བརྩོན་འགྲུས་ལྡན་པ། དཀའ་སྡུག་ལ་མི་འཇེམ་པ། ངལ་དུབ་ལ་མི་སྐྲག་པ་བཅས་ལ་ཟེར་བ་དང་། ཕྱོགས་གཞན་ཞིག་ནས་གྲོན་ཆུང་དང་བབས་ཆགས་པོ་སྟེ། རྒྱུས་སྤྲོས་ཆུད་ཟོས་མི་གཏོང་བ་དང་། མི་གཞན་གྱི་ངལ་རྩོལ་གྲུབ་འབྲས་ལ་གཅེས་འཛིན་བྱེད་པར་ཟེར། ང་ཚོས་

སྔ་ཕྱི་བར་གསུམ་དུ་གྲོན་ཆུང་དར་སྤེལ་དང་། ལས་བཙོན་གྲོན་ཆུང་བྱས་ན་གཟི་བརྗིད་དང་། རྒྱས་སྤྲོས་ཆུད་ཟོས་བཏང་ན་ངོ་ཚ་ཡིན་པ་བློར་ངེས་དགོས། ཞ

གྲོན་ཆུང་བསྲི་ཚགས་ནི་ང་ཚོ་ཀྲུང་ཧྭ་མི་དམངས་ཀྱི་མཐུན་རྒྱལ་ཁབ་ཀྱི་སྤྱི་དམངས་ཚང་མས་རྒྱུན་འཛིན་དང་དར་སྤེལ་གཏོང་དགོས་པའི་རྒྱུན་སྲོལ་བཟང་པོ་ཞིག་ཡིན་པས། ང་ཚོས་དེ་དར་རྒྱས་གོང་འཕེལ་གཏོང་དགོས། གྲོན་ཆུང་བསྲི་ཚགས་མི་ཧྲིད་པར་རྒྱས་སྤྲོས་ཆུད་ཟོས་ཀྱི་འཚོ་བར་རོལ་བ་ནི་རིང་དུ་སྤོང་དགོས་པ་ཞིག་ཡིན།

ལེ་སྦྲུང་ནི་ལས་ལ་བརྩོན་ཞིང་རྟག་ཏུ་གྲོན་ཆུང་དང་དཀའ་སྤྱད་བརྩོན་ཆགས་བྱེད་མཁན་གྱི་བློ་མཐུན་བཟང་པོ་ཞིག་ཡིན་ཞིང་། དལ་རྩོལ་བྱེད་པའི་བརྒྱུད་རིམ་ནང་བྱ་བ་གང་ལ་འཇུག་ཀྱང་སེམས་རྩ་འཁོལ་པོ་ཡོད། ཨན་ཧྲན་དར་ལུགས་བཟོ་གྲྭར་སྡོད་རིང་ལེ་སྦྲུང་གཟུགས་སྟོབས་ཆུང་བའི་དབང་གིས་ཀྲུའུ་རེན་གྱིས་ལེ་སྦྲུང་ལ་ཧྲེ་འདྲུའི་འཕྲུལ་འཁོར་ཆུང་གྲས་ཤིག་གཏོང་དུ་བཅུག །ཡིན་ནའང་ལེ་སྦྲུང་གིས་གནས་ཚུལ་དངོས་ཤེས་རྗེས། ཧྲེ་འདྲུའི་འཕྲུལ་འཁོར་ཆེ་བ་ཞིག་གཏོང་རྒྱུའི་རེ་བ་ཡང་སེ་ཞུས་མཐར། ཀྲུའུ་རེན་གྱིས་ཁོང་གི་རེ་ཞུར་ཁས་ལེན་མི་བྱེད་ཀ་མེད་བྱུང་སྟེ་ཧྲེ་འདྲུའི་འཕྲུལ་འཁོར་ཆེ་བ་དེ་གཏོང་རྒྱུར་མོས་མཐུན་བྱས། འཕྲུལ་ཆས་ཀྱི་སྣེ་གས་བུ་ཅུང་མཐོ་བས་བསྡད་ནས་བཏང་ན་ཧྲེ་སོ་ལ་སོགས་མི་མཐོང་ལ། ལངས་ནས་བཏང་ཚེ་མགོ་བོ་ཐུག་ལ་ཉེ་བས་སྙེད་པ་སྒྱུར་ཙམ་བྱས་ནས་མ་བཏང་ཐབས་མེད་བྱུང་། འདི་ལྟར་དུས་ཡུན་རིང་ཙམ་སོང་རྗེས་ཁོ་པའི་སྙེད་པར་ན་ཟུག་ཚད་མེད་བཏང་། ཅང་མས་ཁོང་ལ་འཕྲུལ་འཁོར་ཆུང་བ་དེ་གཏོང་རྒྱུའི་ཁ་ཏ་བྱས་མོད། འོན་ཀྱང་ཁོང་གིས་བློ་ཐག་ཐད་བཅད་ཀྱིས་གལ་ཏེ་ང་ལ་ནུས་ཤུགས་བརྒྱ་ཆ་བཅུ་ཡོད་ཚེ་བརྒྱ་ཆ་གཅིག་ཀྱང་ཆུད་ཟོས་གཏོང་གི་མིན་ཞེས་བརྗོད་ཡོད།

ཧྲེ་འདྲུའི་འཕྲུལ་འཁོར་གཏོང་བའི་རིང་ཧྲེ་སོས་ས་རྡོའི་སྙིགས་རོ་དག་མཉམ་དུ་འཕྱེར་ཡོང་གི་ཡོད་པས་ཁོང་གིས་ཞིབ་ཙིང་ཕྲ་བའི་སྒོ་ནས་ས་སྙིགས་ཕྱིར་འདུད་ཀྱི་ཡོད། ཁོང་གིས་ད་དུང་ཧྲེ་འདྲུའི་འཕྲུལ་འཁོར་གཏོང་བའི་ལག་རྩལ་སྦྱོང་བརྡར་དཔྱིས་ཕྱིན་པ་བྱས་ནས་ཧྲེ་སོས་རྡོ་དང་ས་སྙིགས་སོགས་ལ་གཡོལ་གང་ཐུབ་བྱས། ཁོང་གིས་ནམ་ཡང་རང་ཉིད་ཀྱི་ཐོབ་ཤེར་ལ་རྩོད་ལེན་བྱེད་མི་སྲིད། ཉིན་རེའི་ལས་འགན་དཀའ་ལས་ཏ་ཙང་ཆེན་པོ་ཡོད་རུང་ཁོང་

གིས་ལས་མཚམས་བཞག་རྗེས་ད་དུང་འཐབ་གྲོགས་ལ་ནུས་པས་ལྷོགས་ཆོད་ཀྱིས་རོགས་རམ་བྱེད་པ་དང་། ཐུན་མོང་རིང་ལུགས་ཆ་དོན་དུ་བཟུང་སྟེ་མི་གཞན་ལ་རོགས་རམ་བྱ་རྒྱུ་དེ་རང་ཉིད་ཀྱི་སྤྱི་སྣང་དུ་བརྩི་བ། མེས་རྒྱལ་ལ་ལེགས་སྐྱེས་འབུལ་བ་དང་། མཉམ་སྡེབ་ལ་ལེགས་སྐྱེས་འབུལ་བ། སྤྱི་ཚོགས་ལ་ལེགས་སྐྱེས་འབུལ་བ་བཅས་ནི་རང་ཉིད་ཀྱི་གཞི་བརྟེན་དུ་བརྩི་བཞིན་ཡོད།

ལེ་རྒྱུང་གི་ལས་ལ་བརྩོན་ཞིང་གྲོན་ཆུང་དང་དཀའ་སྤྱད་བབས་ཆགས་བཅས་ཀྱི་སྙིང་སྟོབས་ལ་འགོ་ཁྲིད་དང་མང་ཚོགས་ཀྱི་གདེང་འཇོག་བཟང་པོ་ཐོབ་ཡོད། སྙིང་སྟོབས་དེ་ལྟ་བུ་ང་ཚོའི་དེང་རབས་ཀྱི་སྤྱི་ཚོགས་ལ་མཚོན་ན་དཔྱད་གཞིར་འཛིན་ཆོག་པ་དང་དོན་སྙིང་ཡང་ན་ཅང་ཆེན་པོ་ལྡན་པས་སྙིང་སྟོབས་དེ་རིགས་སྤར་བཞིན་དར་སྤེལ་བཏང་སྟེ། དཀའ་སྤྱད་བབས་ཆགས་དང་ལས་ལ་བརྩོན་ཞིང་གྲོན་ཆུང་བསྲི་ཚགས་ཀྱི་འཚོ་བའི་སྤྱོད་ཚུལ་བཟང་པོ་དག་དར་སྤེལ་གཏོང་དགོས་པ་མ་ཟད། རྒྱུན་འཛིན་ཡང་བྱེད་དགོས།

འབྲུ་རྡོག་གཅིག་དང་དར་ལྷེབ་ཙམ་ཞིག་ཀྱང་ངལ་རྩོལ་པའི་རྔུལ་ཆུས་བརྗེས་པ་ཡིན་པས། དུས་རྒྱུན་གྱི་འཚོ་བའི་ཁྲོད་དུ་ང་ཚོས་ངེས་པར་དུ་ཆུ་དང་གློག་ལ་གྲོན་ཆུང་བྱས་ཏེ་བེད་སྤྱོད་མེད་ཚེ་གློག་སྒོ་བཀག་པ་དང་། ཆུ་ཐིགས་རྒྱུག་བཞིན་པའི་ཆུ་ཀ་ལ་སྒྲིམ་པ། འབྲུ་རྡོག་གཅིག་ཀྱང་འཕྲོ་བརླག་མི་གཏོང་བ་སོགས་བྱེད་དགོས།

ལེ་རྒྱུང་གིས་བདེ་སྡུག་ལ་འཛིན་པའི་ལྟ་ཚུལ།

མི་འགའ་ཞིག་གིས་རང་ཉིད་འཛམ་གླིང་འདིར་འཚོ་གནས་བྱེད་པའི་དུས་སུ་ཟས་གོས་སྡོད་གསུམ་ལ་སེམས་ཁྲལ་མེད་ཚེ་དེ་ནི་བདེ་སྐྱིད་ཡིན་པར་ངེས་འཛིན་གྱི་ཡོད། འོན་ཀྱང་བློ་མཐུན་ལེ་རྒྱུང་གི་ངོས་ནས་བརྗོད་ན་ངལ་རྩོལ་དྲུར་ཐག་དང་འབད་འབུངས་ཆེར་བསྐྱེད་ཀྱིས་རང་ཉིད་ཀྱི་ལག་གཉིས་ལ་བརྟེན་ནས་རྒྱུ་ནོར་གཏོད་པ་དང་། མི་དམངས་རྣམས་འཚོ་བ་ཡག་པོ་སྐྱེལ་དུ་འཇུག་པ། མི་དམངས་རྣམས་འབྱོར་ཕྱུག་ལྡན་པའི་འཚོ་བ་སྐྱེལ་དུ་འཇུག་པ། གུང་ཁྲན་རིང་ལུགས་ཀྱི་བྱ་གཞག་གི་ཆེད་དུ་འབད་འཐབ་བྱེད་པ། རྒྱལ་ཁབ་ཀྱི་ཆེད་དུ་རང་ཉིད་

ཀྱི་ཡོད་ཚད་སྐྱེས་སུ་འབུལ་བ་བཅས་ནི་བདེ་སྐྱིད་ཅིག་ཡིན་པའི་ངོས་འཛིན་གནང་གི་ཡོད།

ལེ་ཧྲུང་གི་རྣམ་ཀུན་གྱི་འཚོ་བའི་ཁྲིད་ཅ་ངོས་ཅི་ཞིག་ལ་ཆག་སྐྱོན་བྱུང་ཡང་ཁོང་གིས་བཟོ་བཅོས་བྱས་ཏེ་མུ་མཐུད་སྤྱོད་ཀྱི་ཡོད་ཅིང་། གཞུང་དང་རྩ་འཛུགས་ཀྱི་ཁ་ཆ་གཏན་ནས་ཟ་ཡི་མེད་ལ། གོས་དང་རྐང་ཤུབས་སོགས་ལ་ལྷན་པ་བརྒྱབ་ནས་མུ་མཐུད་གྱོན་གྱི་ཡོད། བློ་མཐུན་ལ་ལས་ཁྱོད་ཅིའི་ཕྱིར་འདི་འདྲའི་དཀའ་སྡུད་བབས་ཆགས་ཀྱི་འཚོ་བ་སྐྱེལ་བ་ཡིན་ནམ་ཞེས་དྲིས་པར། ཁོང་གིས་གང་ལྟར་རང་ཉིད་ནི་མི་ཆུང་ཞིག་ཡིན་པས་བུ་ཚ་མེད་སྟབས་ཀྱང་ཐེབས་བུ་ཚ་མེད་ལ་སྒྲིང་ལ་རྒྱུ་ནོར་འཇོག་དགོས་མེད་ཅེས་གསུངས་ཡོད།

དཔུང་སེར་ལྷ་རེ་བཞིན་ཕོགས་སྣོན་སྤྲོད་ཀྱི་ཡོད་ཀྱང་། ཁོང་གིས་དངུལ་དེ་དག་བེད་སྤྱོད་གཏོང་མ་ཐོད་པར་སྔོན་ལ་བཅོལ་ནས་གློགས་ཁྲུལ་མི་དམངས་དང་མེས་རྒྱལ་གྱི་དགོས་མཁོ་ཆེ་བའི་ས་ཆར་ཞལ་འདེབས་རྒྱག་གི་ཡོད། རྒྱུ་མཚན་ནི་ཁོང་གི་ངོས་ནས་ལེགས་སྐྱེས་འབུལ་རྒྱུ་ནི་སྤྲོ་སྣང་ཞིག་ཏུ་བརྩི་བཞིན་ཡོད་ལ། དཀའ་སྡུག་མྱོང་བ་དང་ལེགས་སྐྱེས་འབུལ་བ་ནི་བདེ་སྐྱིད་ཅིག་ལ་ངོས་འཛིན་གནང་གི་ཡོད་པས་སོ། །

བློ་མཐུན་ལེ་ཧྲུང་གི་དཀའ་སྤྱུག་སྤྲོ་སྣང་དུ་སྒོམ་པའི་ལྟ་ཚུལ་འདི་ནི་ཁོང་གིས་མི་ཚེའི་ནང་གི་ཐོབ་ཤོར་དང་བླང་དོར་ལ་ལྟ་སྟངས་ཡང་དག་འཛིན་པ་ལས་བྱུང་བ་ཡིན་ལ། ནང་སེམས་ཀྱི་སྤྲོ་སྣང་དེ་ཕྱི་དངོས་པོའི་འཆིང་རྒྱ་ལས་གྲོལ་བས་ཡིན་ཞིང་། མདོར་ན་རང་གི་ལས་གནས་ཐོག་སྤྱུག་ཡུས་སྒྱུ་ཙམ་མེད་པར་ལེགས་སྐྱེས་ཕུལ་བ་དང་། བློ་ཕ་ཅིག་སེམས་གཅིག་གིས་མི་དམངས་ལ་ཞབས་འདེགས་ཞུས་པ་ལས་བྱུང་བ་ཞིག་ཡིན།

སློབ་གྲྭ་འབྲིང་ཆུང་གི་སློབ་མ་ཞིག་ཡིན་པའི་ཆ་ནས་ང་ཚོས་འཚོ་བའི་ཁྲིད་དཀའ་སྤྱད་བབས་ཆགས་དགོས་པ་ལས་རྒྱས་སྤྲོས་ཆུད་ཟོས་བྱེད་མི་རུང་བ་དང་། སློབ་གྲོགས་གཞན་དག་དང་བསྡུར་རེས་མི་བྱེད་པར་རང་ཉིད་ཀྱི་ཁྱིམ་ཚང་གི་གནས་ཚུལ་དངོས་ལ་གཞིགས་ནས་འཇོན་སྤྱོད་ལུགས་མཐུན་བྱེད་པ། འབྲུ་རིགས་ལ་གྲོན་ཆུང་དང་། གཞན་གྱི་ངལ་རྩོལ་གྲུབ་འབྲས་ལ་གཅེས་འཛིན། ཆུ་གློག་ལ་གྲོན་ཆུང་། བེད་སྤྱོད་མི་བྱེད་པའི་གློག་ཆས་དུས་ཐོག་ཏུ་གློག་སྒོ་རྒྱག་པ། ཆུའི་ཐོན་ཁུངས་སོགས་འཕྲོ་བརླག་མི་གཏོང་བའི་འདུ་ཤེས་བློ་ལ་བརྟན་པོར་ངེས་དགོས།

ཡང་དག་པའི་རྒྱུ་ནོར་གྱི་ལྟ་ཚུལ།

རྒྱུ་ནོར་གྱི་ཁེ་གྲོང་སླད་དུ་ལེ་ཧྥུང་གིས་རྩོད་གླེང་གང་ཡང་གནང་གི་མེད།

ལོ་གཅིག་ལེ་ཧྥུང་ཨན་ཀང་དུ་ལས་ཀ་བྱེད་པར་སླེབས་སྐབས་འགོ་ཁྲིད་ཀྱིས་ཁོ་པ་ས་འདེད་འཁྲུལ་འཁོར་གྱི་ཁ་ལོ་བར་བཀོད་སྒྲིག་བྱས་མོད། འོན་ཀྱང་ཁོང་ལ་དགེ་ཕྲུག་གམ་ལག་གསར་གྱི་ཚད་གཞི་ལྟར་གྱི་གླ་ཆ་ལས་སྤྲད་མེད། སྐབས་དེར་ལེ་ཧྥུང་ནི་ལག་རྩལ་བྱང་ཆུབ་པའི་ས་འདེད་འཁྲུལ་འཁོར་གྱི་ཁ་ལོ་བ་ཞིག་ཡིན་ཞིང་། འགོ་ཁྲིད་ཀྱིས་ཁོང་ལ་བསམ་འཆར་ཡོད་མེད་འདྲི་སྐབས། ཁོང་གིས་བསམ་བློ་སྤུ་ཙམ་ཡང་མ་བཏང་བར་ང་འདིར་ཡོང་དོན་སྒོར་མོའི་ཆེད་དུ་མིན། ང་ནི་སྤྱི་ཚོགས་རིང་ལུགས་ཀྱི་འཛུགས་སྐྲུན་ཆེད་དུ་ཡོང་བ་ཡིན་ཞེས་བཤད། གླ་ཕོགས་མང་ཉུང་གིས་ཁོང་གི་ལས་ཀའི་སྤྲོ་སེམས་དང་ཧུར་སེམས་ལ་ཤུགས་རྐྱེན་ཐེབས་མེད། ཁོང་ནི་ད་དུང་སྔོན་ཆད་དང་འདྲ་བར་སྤྲོ་སེམས་རབ་ཏུ་འཕེལ་བའི་སྒོ་ནས་ལས་ཀར་ཞུགས་བཞིན་ཡོད།

ལེ་ཧྥུང་གི་འཚོ་བ་ཧ་ཅང་སྟབས་བདེ་བབས་ཆགས་ཤིག་རེད། དུས་རྒྱུན་རང་ཉིད་ཀླངས་ཀུ་ཤེལ་དམ་ཞིག་ཀྱང་ཉོ་མི་ཕོད་པ་དང་། རྐང་ཤུབས་དང་གྱོན་ཆས་ལ་རྟག་ཏུ་ལྷན་པ་བརྒྱབ་ནས་བལྟར་མི་བཟོད་པར་གྱུར་ཀྱང་ད་དུང་མུ་མཐུད་གྱོན་བཞིན་ཡོད། ཟ་མཁས་འཐུང་མཁས་ཀྱིས་གྲོན་ཆུང་བྱས་པའི་དངུལ་རྣམས་མེས་རྒྱལ་གྱི་དགོས་མཁོ་ཆེ་ཤོས་ཀྱི་ས་ཆར་ཞལ་འདེབས་སུ་འབུལ་གྱི་ཡོད།

ལེ་ཧྥུང་གིས་རྟག་ཏུ། འཚོ་བ་ནི་སྒོར་མོ་དང་འབྲལ་མི་རུང་། འོན་ཀྱང་མི་ནི་སྒོར་མོའི་ཆེད་དུ་འཚོ་གནས་བྱེད་པ་མིན། མི་དམངས་ཀྱིས་ང་ཚོར་སྤྲད་པའི་དངུལ་དེ་མི་དམངས་ཀྱི་སླད་དུ་སྤྱོད་དགོས་ཞེས་གསུངས་ཀྱི་ཡོད་ལ། དངོས་སུ་ལག་བསྟར་ཡང་གནང་གི་ཡོད། ཁོང་གིས་རང་ཉིད་ཀྱི་བྱ་སྤྱོད་དངོས་ཀྱི་ཐོག་ནས་གུང་ཁྲན་རིང་ལུགས་ཀྱི་འཐབ་འཛིང་པ་ཞིག་གི་བླ་ན་མེད་པའི་དད་སེམས་དང་། དོན་གཉེར་ཧུར་ཐག་བྱེད་ལུགས་ར་སྤྲོད་བྱས་ཡོད་པས། ཁོང་གི་ཡང་དག་པའི་རྒྱུ་ནོར་གྱི་ལྟ་ཚུལ་ལ་ང་ཚོས་ནམ་ཡང་སློབ་སྦྱོང་ཞུ་འོས་པ་ཞིག་རེད།

དེའང་ང་ཚོའི་འཚོ་བའི་ཕྱོགས་གང་ཅིའི་ཐད་སྒོར་མོ་དང་ཁ་འབྲལ་ཐབས་མེད། མ་གཞི་ང་ཚོ་ད་ལྟ་ཆུང་ཆུང་ཡིན་པས་ཕ་མས་ང་ཚོའི་ཟས་གོས་འགྲོ་སོང་སོགས་ཕྱོགས་གང་ཅིའི་ཐད་

རོགས་སྐྱོར་གནང་གི་ཡོད། འོན་ཀྱང་ང་ཚོས་ངེས་པར་དུ་རྒྱུ་དངུལ་འདི་ལས་སླ་པོར་བྱུང་བ་ཞིག་མིན་པར། དེ་ནི་ཕ་མའི་རྩོལ་ཁྲག་དང་། ཕ་མས་དཀའ་སྤྱད་ངལ་རྩོལ་བྱས་པ་བརྒྱུད་ཐོབ་པ་ཞིག་ཡིན་པ་གསལ་པོར་ཤེས་དགོས། དེར་བརྟེན་ང་ཚོས་ངེས་པར་དུ་བློ་མཐུན་ལེ་ཧྥུང་ལ་སློབ་སྦྱོང་བྱས་ནས་ཆུང་དུས་ནས་ཡང་དག་པའི་རྒྱུ་ནོར་གྱི་ལྟ་ཚུལ་ཞིག་འཛུགས་དགོས།

ལེའུ་བཞི་པ།

མཐུན་སྒྲིལ་མཛའ་བརྩེ་དང་རང་གཙན་རང་སྐྱོམ།

མཐུན་སྒྲིལ་མཛའ་བརྩེ་དང་རང་གཅུན་རང་སྡོམ་བྱ་རྒྱུ་ནི་མི་དང་མིའི་དབར་གྱི་འབྲེལ་བ་ཐག་གཅོད་བྱེད་པའི་ཐབས་གལ་ཆེན་ཞིག་ཡིན་ལ། ལེ་ཧྥུང་གི་མི་ཇི་ལྟར་བྱེད་པའི་རྩ་དོན་ཡང་ཡིན། ཁོང་གིས་རྟག་ཏུ་གྲོ་མཐུན་གཞན་ཚོར་དཔྱིད་རླུང་ལྟ་བུའི་དྲོ་སྐྱིད་སྤྲིན་པ་དང་། དུས་དང་རྣམ་པ་ཀུན་ཏུ་རང་ཉིད་ལ་ឣང་བྱ་ནན་པོ་འདོན་པ། ग्रो་གཅིག་སེམས་གཅིག་གིས་མི་དམངས་ལ་ཞབས་འདེགས་ཞུ་བའི་བྱ་བ་བཅས་སྒྲུབ་ཀྱི་ཡོད།

ཉེ་འགྲམ་གྱི་གྲོ་མཐུན་རྣམས་ལ་མཐུན་སྒྲིལ་མཛའ་བརྩེས་ཞུག་པ།

ལེ་ཧྥུང་གི་ཉིན་ཐོའི་ནང་འདི་འདྲ་ཞིག་བཀོད་ཡོད་དེ། གྲོ་མཐུན་རྣམས་ལ་བསྟུན་མཁས་དང་ཁོ་ཚོར་དཔྱིད་རླུང་ལྟ་བུའི་དྲོ་སྐྱིད་སྤྲིན་ཐུབ་པ་དང་། ལས་ཀའི་ཐོག་དཀའ་ངལ་དུས་ཀྱི་ཚ་དང་ལྟར་ཚ་ཚ་ཞུར་ཞུར་དགོས་པ། རང་དོན་རིང་ལུགས་པར་སྟོན་རླུང་གིས་སྟོང་ལོ་ཁྱིར་བ་ལྟ་བུ་བྱེད་དགོས་པ། དགྲ་བོར་དགུན་རླུང་གི་གྲང་དང་ཇི་བཞིན་ཡ་ང་སྙིང་རྗེ་མེད་

པ་ཞིག་བྱེད་དགོས་ཞེས་བྲིས་ཡོད།

ཐེངས་ཤིག་ལེ་ཧྲུང་དང་འཐབ་གྲོགས་ཚོ་ཤང་ཅང་གཙང་པོའི་འགྲམ་དུ་ལས་ཀ་བྱེད་ཀྱི་ཡོད་ཅིང་། ཚང་མས་ཉིན་དེའི་ལས་འགན་ལེགས་གྲུབ་ཟིན་རྗེས་ཕྱིར་ལོག་ནས་ངལ་གསོ་རྒྱག་གི་ཡོད་མེད། འོན་ཀྱང་ལེ་ཧྲུང་སྔར་བཞིན་ལས་ཀ་བྱེད་ཀྱི་ཡོད། ཉིན་ཤས་བསྟུད་མར་དྲག་ཆར་བབས་པའི་རྐྱེན་གྱིས་ཤང་ཅང་གཙང་པོའི་ཆུ་ཁ་རྒྱས་ནས་འཕྲལ་མར་ཆུ་རགས་གཏོང་ལ་ཉེ་བས། ལེ་ཧྲུང་གིས་ཉིན་ཁར་མ་འཛེམས་པར་དེ་གའི་མི་དམངས་འཚོ་སྡོད་ཁུལ་གྱི་མང་ཚོགས་ལ་མགྱོགས་མྱུར་གནས་སྤོ་བྱེད་དགོས་པའི་བརྡ་ཐོ་བཏང་བར་བསྐྱོད།

དེ་ལྟར་ཁོང་གི་རོགས་རམ་འོག་མང་ཚོགས་ཚོ་བདེ་འཇགས་དང་གནས་སྤོ་ཐུབ་པ་བྱུང་ཡོད། ཚང་མས་རྐང་འོག་གི་ཐ་སྙབས་ལང་ལོང་དུ་འཕྱུར་བཞིན་པའི་གཙང་པོར་བལྟས་ཏེ་ལེ་ཧྲུང་གིས་མི་ཚོར་ཚེ་སྲོག་གསར་པ་ཞིག་སྦྱིན་པ་ལྟ་བུའི་དད་གུས་ཀྱིས་ཁེངས། ད་ཐེངས་ལེ་ཧྲུང་ལ་བརྟེན་ནས་ཚང་མ་སྲོག་ཉེན་ལས་ཐར་བ་དང་། ཁོང་གི་བླ་མེད་ཀྱི་གཞིས་རྒྱུད་དང་ཞུམ་མེད་ཀྱི་སྙིང་སྟོབས་ལ་བརྟེན་ནས་མི་དམངས་ཀྱི་ཚེ་སྲོག་དང་རྒྱུ་ནོར་གྱི་བདེ་འཇགས་ལ་སྲུང་སྐྱོབ་ཐུབ་ཡོད།

ང་ཚོས་བློ་མཐུན་ལེ་ཧྲུང་ལ་སློབ་སྦྱོང་ཞུས་ནས་སློབ་གྲོགས་གཞན་ལ་དགའ་ངལ་ཡོད་པ་མཐོང་སྐབས་སྤྲོ་སེམས་འཕེལ་ཞིང་རང་འགུལ་ངང་རོགས་རམ་བྱེད་དགོས་པ་དང་། སློབ་གྲོགས་ཕན་ཚུན་འཆམ་མཐུན་མཉམ་གནས་དང་མཐུན་སྒྲིལ་མཛའ་བརྩེ་ཡོང་བ་བྱས་ཏེ་མི་གཞན་གྱིས་སྐུལ་མི་འདོད་པའི་བྱ་བ་རང་འགུལ་གྱིས་སྒྲུབ་པ་དང་། རང་འགུལ་ངང་མཉམ་ཞིབ་ཀྱི་འདུ་ཤེས་བརྩུགས་ནས་ཤེས་དཔལ་ལ་སྣང་ཆེན་དང་ཡ་རབས་གུས་ཞབས་ལྡན་པའི་ན་གཞོན་བཟང་པོ་ཞིག་བྱེད་དགོས།

འཚོ་བའི་ཁྲོད་དུ་དཔེར་ན་སྤྱི་སྤྱོད་ལྷངས་འཁོར་དུ་སྡོད་སྐབས་དགོས་མཁོ་ཡོད་པའི་འགྲུལ་པར་རང་འགྲུལ་ངང་སྡོད་ས་སྤྲོད་པ་དང་། མི་ཞིག་གིས་ཁྱོད་ལ་རོགས་པ་གནང་རོགས་ཞུ་སྐབས་ནུས་ཤུགས་གང་ཡོད་ཀྱིས་རོགས་རམ་བྱེད་པའམ། ཡང་ན་ཨ་ཁུ་ཁྲིན་པ་དང་དགེ་ཁྲིན་གྱི་རོགས་རམ་འཚོལ་དགོས།

རང་གཅུན་རང་སྡོམ།

རང་གཅུན་རང་སྡོམ་ཞེས་པ་ནི་རང་ཉིད་ལ་ཐྲང་བྱ་ནན་པོ་འདོན་དགོས་པའི་དོན་ཏེ། ཁྱོད་ཀྱིས་རང་ཉིད་ལ་བརྟོན་པའི་རེ་བ་ཡིས་ཁྱོད་མི་ཅི་འདྲ་ཞིག་ཏུ་འགྱུར་རྒྱུར་ཐག་གཅོད་ཐུབ། གལ་ཏེ་ཁྱོད་ལ་ཕུགས་འདུན་ཆེན་པོ་ཡོད་ཚེ་ཁྱོད་ནི་ཕུལ་བྱུང་གི་མི་ཞིག་ཡིན་པ་དང་། གལ་ཏེ་ཁྱོད་ལ་ཡར་ཐོན་གྱི་བསམ་བློ་མེད་ཚེ་ཁྱོད་ཀྱི་མི་ཚེ་འདིའང་ཅང་ཅང་ཞིག་ཡིན་ངེས། དེར་བརྟེན་ཁྱོད་ཀྱིས་རང་གཅུན་ནན་པོ་བྱས་ཚེ་རང་རྒྱུད་ལ་གོམས་གཤིས་བཟང་པོ་ཞིག་འཛུགས་ནས་དོན་སྙིང་ལྡན་པའི་མི་ཚེ་ཞིག་ཀྱང་ཡོང་ངེས།

ལེ་ཧྥུང་ཐོག་མར་དཔུང་སྡེར་སླེབས་སྐབས་གཞོན་ནུ་གཞན་དག་དང་འདྲ་བར་ནར་མ་སོན་པའི་ཕྱོགས་ཤིག་ཡོད་མོད། འོན་ཀྱང་ཁོང་གིས་ཁྲིམས་སྲུང་དང་འགོ་ཁྲིད་ཀྱི་སྐྱོན་བརྗོད་དང་དེ་བཞིན་མི་གཞན་གྱི་སེམས་བཟང་གི་དྲན་སྐུལ་དང་ལེན་བྱེད་ཀྱི་ཡོད། རེས་གཟའ་ཉི་མའི་ཉིན་མོ་ཞིག་ལ་ཁོང་གིས་དགོངས་པ་མ་ཞུས་པར་ཁྲོམ་དུ་བར་

རྒྱུག་པར་སོང་བ་དང་ཕྱིར་ལོག་རྗེས་ཁྲིད་སྟོན་པས་ཁོང་བཙལ་ཏེ། ཅིའི་ཕྱིར་དགོངས་པ་མ་ཞུས་པར་ཕྱི་ལ་སོང་བ་ཡིན་ཞེས་དྲིས་པར། ཁོང་གིས་ངའི་བསམ་པར་རེས་གཟའ་ཉི་མར་དཔལ་གསོ་རེད་བསམས་བྱུང་ཞེས་ལན་བཏབ།

དེ་རྗེས་ཁྲིད་སྟོན་པས་ཁོང་ལ་སྐྱོན་བརྗོད་དྲག་པོ་བྱས་ཤིང་། དམག་དཔུང་ནི་མཉམ་སྡེབ་ཅིག་དང་རྩ་འཛུགས་ཡོད་པ་ཞིག །སྒྲིག་ཁྲིམས་ཡོད་པ་ཞིག་བཅས་ཡིན་པས་གལ་ཏེ་རྩ་འཛུགས་དང་སྒྲིག་ཁྲིམས་མེད་ན་དམག་དཔུང་ནི་སྤྲན་ཕུང་ཕོར་བ་ལྟ་བུར་གྱུར་ནས་དགྲ་བོ་དང་འཐབ་འཛིང་ཇི་ལྟར་བྱེད་དམ་ཞེས་བཤད།

ལེ་ཧྥུང་གིས་ཉན་རྗེས་ལྷག་བསམ་རྣམ་དག་གིས་སློབ་སྟོན་པར་དགོངས་སེལ་ཞུས་པ་མ་ཟད། རྗེས་སུ་ནོར་འཁྲུལ་དེ་རིགས་ཡང་བསྐྱར་མི་འབྱུང་བའི་འགན་ལེན་ཡང་བྱས་པ་རེད། ཕྱིར་ལོག་རྗེས་ལེ་ཧྥུང་གིས་རང་ཉིད་ཀྱི་ཉིན་ཐོའི་ཐོག་དུས་དང་རྣམ་པ་ཀུན་ཏུ་རང་ཉིད་ལ་བླང་བྱ་ནན་པོ་བཏོན་པ་དང་། ང་རྒྱལ་དང་འཚབ་འཚུབ་སྤངས་ནས་ཐོག་མཐའ་བར་གསུམ་དུ་རང་སྐྱོན་རང་བརྟག་བྱེད་ཚུལ་གསལ་པོ་བྲིས་པ་དང་ཕྱིས་ལག་ལེན་ཐོག་ཏུའང་འཁྱོལ་ཐུབ་པ་བྱུང་ཡོད།

ལེ་ཧྥུང་གིས་རང་ཉིད་ལ་བླང་བྱ་ནན་པོ་འདོན་པ་དང་ང་རྒྱལ་དང་འཚབ་འཚུབ་མེད་ལ་ཏུར་ཐག་གིས་རང་ཉིད་མཉམ་སྡེབ་ནང་འདྲེས་ཐུབ་པ་བྱས་པ་མ་ཟད། ཁེངས་སྐྱུང་གིས་མི་གཞན་གྱི་བསམ་འཆར་དང་གྲོས་འགོ་དང་ལེན་བྱས་ཏེ། དུས་དང་རྣམ་པ་ཀུན་ཏུ་སློབ་སྦྱོང་དང་རང་ཉིད་ལ་སྐུལ་ལྕག་ཟམ་མི་ཆད་པར་བཏང་ནས་ཡར་རྒྱས་ཡོང་བ་བྱས་ཏེ་མི་དམངས་དང་སྤྱི་ཚོགས་ཆེད་རང་ཉིད་ལེགས་སྐྱེས་ཏུར་ཐག་འབུལ་བའི་ལས་འགུལ་ནང་ཞུགས་ཡོད།

ང་ཚོས་འཚོ་བ་དང་སློབ་སྦྱོང་ཁྲོད་དུས་དང་རྣམ་པ་ཀུན་ཏུ་རང་ཉིད་ལ་རེ་བ་ནན་པོ་འདོན་པ་དང་རང་ཉིད་ཀྱི་བསམ་བློ་དང་བྱ་སྤྱོད་ཚད་ལྡན་དུ་གཏོང་དགོས། ལེ་ཧྥུང་གིས་ཀྱང་ནོར་འཁྲུལ་ཤོར་སྲིད་སོང་། འོན་ཀྱང་ཁོང་གིས་ནོར་འཁྲུལ་ཤོར་རྗེས་གཞན་གྱི་སྐྱོན་བརྗོད་དང་ལེན་བྱེད་པ་དང་འཕྲེལ་དུས་ཐོག་ཏུ་ཡོ་བསྲང་བྱས་ནས་ཁེངས་སྐྱུང་དང་གཞན་ལ་སློབ་སྦྱོང་བྱེད་ཀྱི་ཡོད། ལེ་ཧྥུང་གིས་ལས་ཀ་དང་འཚོ་བའི་ཐད་རང་ཉིད་ལ་བླང་བྱ་ནན་པོ་བཏོན་པར་བརྟེན་ད་གཟོད་ཁོང་རྒྱུན་ཆད་མེད་པར་ཡར་རྒྱས་དང་འཚར་ལོངས་བྱུང་བ་རེད།

ཁེངས་སྐྱུང་གི་སྙིང་སྟོབས།

ཁེངས་སྐྱུང་ཞེས་པ་ནི་མི་ཞིག་གིས་རང་གི་ནུས་པ་དང་རིན་ཐང་ལ་སྒྲོ་འདོགས་མི་བྱེད་པ་དང་། ཁུད་ཤོབ་མི་ཤོད་པ། རང་རློམ་མི་བྱེད་པ་མ་ཟད་ཚོད་དོན་འཛོག་པའམ་བྱ་སྤྱོད་མ་སྤྱིལ་གོང་དུ་མ་བསྐུལ་དང་བླངས་ཀྱིས་མི་གཞན་གྱི་ས་ནས་བསམ་འཆར་བཀའ་སློབ་ཞུ་བའམ་ཡང་ན་བསམ་འཆར་བསྡུ་ལེན་བྱེད་པར་ཟེར། ལེ་ཚན་ལ་མཚོན་ན་འཚར་ལོངས་འབྱུང་བའི་བརྒྱུད་རིམ་ཁྲོད་ཐོག་མཐའ་བར་གསུམ་དུ་ཁེངས་སྐྱུང་གཟབ་ནན་དང་། ང་རྒྱལ་དང་འཚབ་འཚུབ་མེད་པ། སྔ་ཕྱི་བར་གསུམ་དུ་མའོ་ཀྲུའུ་ཞིའི་བཀའ་སློབ། ཁེངས་སྐྱུང་བྱས་ཚེ་ཡར་ཐོན་ཡོང་བ་དང་། ང་རྒྱལ་བྱས་ཚེ་རྗེས་སུ་ལུས་ཞེས་པ་སེམས་ལ་བརྟན་པོར་ངེས་ཡོད། ང་ཚོས་ནམ་ཡང་བདེན་དོན་འདི་བློ་ལ་ངེས་དགོས། ཁོང་གིས་ཁེ་ཕན་གྱི་མདུན་དུ་ནམ་ཡིན་ཡང་གཞན་སྔོན་དང་རང་རྗེས་སུ་འཛོག་པ་དང་། མཚན་སྙན་གྱི་མདུན་དུ་ནམ་ཡང་ང་རྒྱལ་ཁེངས་དྲེགས་གནང་གི་མེད།

ཐེངས་ཤིག་ལེ་ཚན་ཀུང་ཁྲང་ཞིང་གཉེར་ཁྲུལ་དུ་ལས་བྱེད་པའི་ཚོགས་ཆེན་ལ་ཞུགས་པ་དང་། ཁོང་གིས་རང་ཉིད་ཀྱི་ཉིན་ཐོའི་ནང་འདི་ལྟར་བྲིས་ཡོད་དེ། རང་ཉིད་ཚོགས་རར་འཛུལ་མ་ཐག་ངའི་ཡིད་དབང་འཕྲོག་སོང་། ཚོགས་རའི་བཀོད་སྒྲིག་ནི་དེ་འདྲའི་བརྗིད་ཉམས་ཆེ་ཞིང་མཛེས་སྡུག་ལྡན་པ་ཞིག་རེད། སྤྱི་དྲོའི་ཆུ་ཚོད་༦པའི་ཐོག་ཚོགས་འདུ་དངོས་སུ་འཚོགས་སོང་། ཐོག་མར་ཏང་ཨུད་ཀྱིས་ཚོགས་ཆེན་གྱི་ཀྲུའུ་ཞི་ཚོགས་པའི་མིང་ཐོ་ཁྲབ་བསྒྲགས་བྱས་ཤིང་། དེའི་ནང་དུ་ངའི་མིང་ཡང་ཡོད། ང་རང་ཀྲུའུ་ཞིའི་སྡིངས་ཆའི་ཐོག་འགྲོ་སྐབས་བརྗོད་མི་ཤེས་པའི་སེམས་འགུལ་ཚད་མེད་ཐེབས་བྱུང་། ང་ལྟ་བུའི་སྐྱེ་ཁྲོངས་ལུང་ཁུག་གི་བྱིས་པ་དབུལ་པོ་ཞིག་དེ་རིང་འདི་ལྟ་བུའི་ཚོགས་ཆེན་ལ་ཞུགས་ཐུབ་པ་བྱུང་བ་མ་ཟད། ང་རང་ཀྲུའུ་ཞི་ཚོགས་པའི་ཚོགས་མིར་ཡང་བདམས་ཐོན་བྱུང་། ང་ནི་ཏང་ཡོན་ཡིན་པས་གཞི་བརྗོད་ནི་ཏང་ལ་བརྟེན་ནས་བྱུང་བ་ཡིན་ལ། ང་རང་ཡར་ཐོན་ཡོང་རྒྱུར་རོགས་རམ་བྱེད་མཁན་བློ་མཐུན་རྣམས་ལ་བརྟེན་ནས་བྱུང་བ་ཡིན་ཞེས་བརྗོད། ཡང་ཁོང་གིས་ཉིན་ཐོའི་ནང་འདི་ལྟར་བྲིས་ཡོད་དེ་ལོ་བཅུ་

ལྷག་ཙམ་རིང་ཧང་གིས་ང་རང་རྒྱུན་ཆད་མེད་པར་གསོ་སྐྱོང་དང་སློབ་གསོ་གནང་བའི་འོག་ངས་ཆབ་སྲིད་དང་བསམ་བློའི་གོ་རྟོགས་མཐོ་རུ་བཏང་སྟེ་གུང་ཁྲན་རིང་ལུགས་ཀྱི་བྱ་གཞག་ཆེད་འབད་འཐབ་མཐའ་འཁྱོལ་བ་བྱེད་པའི་དཔའ་སེམས་དང་ཕུགས་འདུན་ཆེན་པོ་འཆང་བ་བཅས་བྱས་པར་བརྟེན་ལས་དོན་ཁག་དང་སློབ་སྦྱོང་ཁྲོད་སྒྲུབ་འབྲས་ཐོན་བུ་ཐོབ་ཡོད། ཧང་དང་མི་དམངས་ཀྱིས་ང་ལ་གཟི་བརྗིད་ཧ་ཅང་ཆེན་པོ་གནང་བྱུང་། ན་ནིང་ཚོགས་པར་ཁག་དང་ཀུན་ཁྱབ་རླུང་འཕྲིན་ལས་ཁུངས་ཁག་གིས་ངའི་གནས་ཚུལ་ངོ་སྤྲོད་བྱས་པ་ནས་བཟུང་རྒྱལ་ཡོངས་ས་གནས་ཁག་གི་གཞོན་ནུ་མང་པོའི་འཕྲིན་ཡིག་ལག་འབྱོར་བྱུང་།

དེ་རིང་ཧང་གིས་ང་ལ་ཡིད་ཆེས་འདི་ལྟར་གནང་བྱུང་ལ། བློ་མཐུན་རྣམ་པས་ཀྱང་ང་ལ་བརྩི་འཇོག་འདི་འདྲ་གནང་བྱུང་། དེས་ན་ངས་ངེས་པར་དུ་སྔར་ལས་ལྷག་པའི་ཁེངས་སྐྱུང་དང་། ཚང་མར་བརྩི་འཇོག །སློབ་སྦྱོང་ལ་འབད་བརྩོན། རང་དོར་ལས་སྒྲུབ་བཅས་བྱེད་པ་དང་། མའོ་གྲུའུ་ཞིའི་བཀའ་སློབ་བློ་ལ་བརྟན་པོར་ངེས་པར་བྱས་ཏེ། ནམ་ཡང་མི་དམངས་ཀྱི་སློབ་ཆུང་སློབ་མ་ཞིག་བྱེད་ཀྱི་ཡིན་ཞེས་བྲིས་ཡོད། སྐད་ཆ་འདི་དག་གི་ཐོག་ནས་ལེ་ཧྥུང་གིས་རང་ཉིད་ཀྱི་གཟི་བརྗིད་མཚན་སྙན་དེ་ཧང་དང་རྩ་འཛུགས་ཀྱིས་གསོ་སྐྱོང་བྱས་པ་ལས་བྱུང་བ་ཞིག་ཡིན་པར་འདོད་པ་དང་། གཟི་བརྗིད་མཚན་སྙན་ཇི་ལྟ་བུ་ཞིག་ཐོབ་ཀྱང་དེ་བས་ཁེངས་སྐྱུང་བྱེད་དགོས་པའི་མི་གཤིས་དེ་མཐོང་ཐུབ།

འོ་ན། སློབ་གྲྭ་འབྲིང་ཆུང་གི་སློབ་མས་ཁེངས་སྐྱུང་གི་གོམས་གཤིས་བཟང་པོ་ཇི་ལྟར་འཛུགས་པར་བྱ་དགོས་སམ་ཞེ་ན། གཅིག་ནས་སློབ་སྦྱོང་དང་འཚོ་བའི་ཁྲོད་དུ་ཚང་མས་ང་རྒྱལ་དང་ལང་ཤོར་ཁྱད་བསད་བྱ་དགོས། སློབ་སྦྱོང་གི་སྒྲུབ་འབྲས་ལེགས་པོ་ཡོད་དུས་སྤོབས་པ་བྱེད་མི་རུང་བར། རང་ཉིད་ཀྱི་མི་འདང་བའི་ཆ་དང་སྐྱོན་ཆ་ངོས་འཛིན་ཡག་པོ་བྱས་ཏེ་ཟམ་མི་ཆད་པར་རང་ཉིད་འཕྲུལ་ཚད་དུ་གཏོང་དགོས་ལ། འཚོ་བའི་ཁྲོད་དུ་ནུས་པས་གང་ལྕོགས་ཀྱི་བྱ་བ་མང་ཙམ་སྒྲུབ་པ་དང་། གཅེས་ལང་ཤོར་བའི་གོམས་གཤིས་ངན་པ་ཁྱད་བསད་བྱེད་དགོས། གཉིས་ནས་སློབ་གྲྭ་འབྲིང་ཆུང་གི་སློབ་མས་ཤེས་བྱར་མུ་མཐའ་མེད་རྐྱེན། རང་གི་ཤེས་ཚོད་ལས་འདས་པའི་མཁས་པ་མང་དག་ཅིག་ཡོད་པ་ཤེས་དགོས། སྤོབས་སེམས་ཅན་ཚང་མར་དགེ་མཚན་ངེས་ཅན་རེ་ཡོད་ངེས་པས་སློབ་གྲྭ་འབྲིང་ཆུང་གི་སློབ་མར་མཚོན་ན་ཁྱད་ཆོས་དང་བཟང་ཆའི་རྐྱེན་གྱིས་ང་རྒྱལ་གྱི་བློ་འབྱུང་སླ། དེས་ན་ངེས་པར་དུ་ཤེས་དགོས

པ་ཞིག་ལ་ཁྱོད་ཀྱི་མིག་སྔའི་དགེ་མཚན་ནི་མ་འོངས་པར་འཕེལ་རྒྱས་ཡོང་སྲིད་པའི་རྐྱེན་ཙམ་ཡིན་པ་དང་། ཉེ་འགྲམ་གྱི་མི་དང་བསྡུར་ན་དགེ་མཚན་ཙུང་ཟད་མངོན་ཙང་། དེ་ལས་རྒྱ་ཆེ་བའི་ཁོར་ཡུག་ཁྲོད་དུ་དེ་འདྲ་ཙམ་ཞིག་ལས་མ་འདས། དེའི་ཕྱིར་རང་ཉིད་ལ་དམིགས་བསལ་གྱི་ཡོན་ཏན་ངེས་ཅན་ཞིག་ཡོད་ཀྱང་རྒྱུན་ཆད་མེད་པར་ཡར་རྒྱས་བརྩོན་ལེན་བྱས་ཏེ་ཡོན་ཏན་འདི་ཉིད་འདོན་སྤེལ་གང་ལེགས་བྱེད་དགོས།

ལེའུ་ལྔ་པ།

ཁ་ཡོད་ལག་ཡོད་ཀྱི་ལས་བཙོན་སྒྲིང་སྐྱོབས།

དེའང་ལེ་ཕྲུང་རང་ཉིད་ཀྱིས་གསུངས་པ་ཇི་བཞིན། བློ་མཐུན་རྣམས་ལ་བསྟུན་མཁས་དགོས་ཏེ་ཁོ་ཚོར་དཔྱིད་རླུང་ལྟ་བུའི་དྲོ་སྐྱིད་སྤྲིན་ཐུབ་པ་དང་། ལས་ཀར་དབྱར་གྱི་ཚ་དྲོད་ལྟ་བུའི་ཚ་ཚ་འུར་འུར་བྱེད་དགོས་ཞེས་པ་ལྟར་རྣམ་ཀུན་ལས་ཀའི་ཁྲོད་ལེ་ཕྲུང་ནི་ཚ་ཚ་འུར་འུར་ཡིན་ཅིང་། ཁོང་ནི་མི་ཕུང་ཞིག་དང་འདྲ་བར་རང་ཉིད་ཀྱི་འོད་སྣང་གིས་གཞན་ལ་དྲོ་སྐྱིད་སྤྲིན་བཞིན་ཡོད་ལ་གནོང་འགྱོད་སྤུ་ཙམ་ཡང་གནང་གི་མེད།

ལས་གཅེས་ལས་བརྩོན་ཆེ་ལ། འཁང་ར་སྤུ་ཙམ་མེད་པ།

ལེ་ཕྲུང་གིས་ལས་ཀར་འཛིན་པའི་རྣམ་འགྱུར་ནི་ངོ་མ་དབྱར་གྱི་ཚ་དྲོད་ལྟ་བུའི་ཚ་ཚ་འུར་འུར་ཞིག་ཡིན་ཞིང་། དཀའ་ཚེགས་ག་ཚོད་ཆེ་རུང་ལས་དོན་ཁག་ཚང་མར་ལྟ་སྟངས་ནན་པོ་འཛིན་ལ་ལས་ཀའི་ནང་ཧུར་ཐག་དང་ཞུགས་ཀྱི་ཡོད། འགོ་ཁྲིད་ཀྱིས་རང་ཉིད་ལ་སྤྲད་པའི་ལས་འགན་དག་རྟག་ཏུ་ཁྲལ་སེལ་སླ་བཅོས་གཏན་ནས་མི་བྱེད་པར་རང་འགན་གཙང་སྒྲུབ་དང་གང་ཐུབ་ཅི་ཐུབ་ཀྱིས་ལེགས་གྲུབ་ཡོང་བ་བྱེད་ཀྱི་ཡོད། ལས་ཀའི་ཁྲོད་རྒྱུན་དུ་སྤྲོ་སེམས་ཆེན་པོ་བཅངས་ནས་ཐོབ་ཐོར་ལ་མི་བལྟ་བར་དཀའ་ལས་ཅུང་ཟད་སྤྱོད་དགོས་བྱུང་ནའང་ལས་ཀ་དུས་ཐོག་ཏུ་ལེགས་གྲུབ་ཡོང་རྒྱུར་འགན་ལེན་བྱེད་པ་ལས་ནར་འགྱངས་གཏན་ནས་བྱེད་ཀྱི་མེད། རང་འཁྲིའི་ལས་དོན་ལ་མཚོན་ན་མྱུར་ཚད་དང་སྤུས་ཚད་གཉིས་ཀར་འགན་ལེན་བྱེད་པ་མ་ཟད། རང་གི་ལས་ཀ་ལེགས་གྲུབ་བྱེད་པ་དང་ཆབས་ཅིག་དགོས་མཁོ་ཡོད་པའི་བློ་མཐུན་གཞན་དག་ལའང་རོགས་རམ་ཧུར་ཐག་བྱེད་ཀྱི་ཡོད།

ལེ་ཕྲུང་དམག་དཔུང་ནང་ཞུགས་རྗེས་སྐྱེལ་འདྲེན་ཐྲངས་འཁོར་རུ་ཁག་གི་དམག་མི་བྱས་པ་རེད། མ་གཞི་གཡུལ་ས་མདུན་མར་ལེགས་སྐྱེས་འབུལ་བའི་སྐལ་བ་མེད་མོད། འོན་ཀྱང་ལེ་ཕྲུང་གིས་བཀའ་མོལ་འདི་ལྟར་གསུང་ཡོད་དེ། ངས་གསར་བརྗེའི་དགོས་མཁོར་བསྟུན་ཆོག །གསར་བརྗེར་སོལ་བ་སྤྲིག་མཁན་མཁོ་ཚེ་ངས་ཀྱང་སི་ཏེ་བྱས་ཆོག །གསར་བརྗེར་མེ་མདའ་འཁོག་མཁན་མཁོ་ཚེ་ངས་རྟོང་ཅི་ཀོང་བྱས་ཆོག །ཅེས་པ་ལྟར་འདི་ནི་ལེ་ཕྲུང་གིས་རྩ

འཇུགས་ལ་བསྟན་པའི་རྣམ་འགྱུར་ཞིག་རེད།

ལི་སྦྲུང་ནི་བློ་བག་ཡངས་ཤིང་། དུས་རྒྱུན་སྤྲོ་སེམས་འཁོལ་ལ། སྨྲ་དབྱངས་སློབ་པ། གྱང་ཡིག་བཟོ་བ་སོགས་ཚང་མ་ཤེས་ཀྱི་ཡོད། གོང་རིམ་འགོ་ཁྲིད་ཀྱིས་ཁོང་འཐབ་འཛིང་པའི་འཁྲབ་སྟོན་ཚོགས་པར་ཞུགས་སུ་བཅུག་པས་ཁོང་གིས་ཞོགས་སྔ་ལངས་དང་དགོང་ཕྱི་ཉལ་གྱིས་འཁྲབ་ཚིག་བློར་འཛིན་བྱེད་ཀྱི་ཡོད། རྗེས་སུ་ལི་སྦྲུང་གིས་རང་ཉིད་ཀྱི་ཧུའུ་ནན་གྱི་ཡུལ་སྐད་དེ་སྤྱི་སྐད་དང་མཐུན་པོ་མ་བྱུང་ཚེ་འཁྲབ་སྟོན་གྱི་རྣམ་པར་གནོད་རྐྱེན་ཐེབས་ངེས་རེད་སྙམ་སྟེ། རང་འགྱུལ་དང་རང་ཉིད་འཁྲབ་སྟོན་པ་གཞན་དང་བརྗེ་བའི་རེ་བ་བཏོན། དེ་ལྟར་སེམས་ནུས་གཅིག་སྡུད་ཀྱིས་རྒྱབ་ཕྱོགས་མགོ་སྐྱུབ་ཀྱི་ལས་ཀར་རོལ། མ་གཞི་ཚང་མས་ལི་སྦྲུང་གི་འཁྲབ་སྟོན་མཐོང་མེད་ཀྱང་། སྡིངས་ཆའི་ཕྱོག་གི་ལེ་ཚན་ཚང་མའི་ནང་ལི་སྦྲུང་གིས་དཀའ་སྤྱད་དལ་རྩོལ་བྱས་པ་འདུས་ཡོད་ལ། མཉམ་སྡེབ་ལ་སེམས་ཁུར་བྱེད་པའི་མི་ཆོས་དང་ལས་ཀའི་དགོས་མཁོར་བསྟུན་པའི་སྙིང་སྟོབས་ཀྱང་དྲག་ཏུ་མངོན་ནོ།།

ལི་སྦྲུང་སྐྱེལ་འདྲེན་རུ་ཁག་ཏུ་ཕྱིར་ལོག་རྗེས། བྲེལ་འཚུབ་དང་ཁ་ལོ་བའི་ལག་རྩལ་ལ་སློབ་སྦྱོང་བྱེད་པའི་ཁྲིད་དུ་ཞུགས། སློབ་སྦྱོང་རླངས་འཁོར་མི་འདང་བའི་གནས་ཚུལ་ལ་དམིགས་ནས། ཁོང་གིས་སྣེ་ཁྲིད་དེ་ཚང་མར་རླངས་འཁོར་གྱི་ཁ་ལོ་བའི་སྟེགས་བུ་ཞིག་བཙུགས། ལི་སྦྲུང་གིས་ཟས་ཆག་གཉིད་ཆག་གི་སྒོ་ནས་ལག་རྩལ་སློབ་སྦྱོང་བྱས་པས། ཚང་མས་མོས་པ་གཅིག་མཐུན་གྱིས་ཁོང་ལག་རྩལ་སློབ་སྦྱོང་ཚོགས་ཆུང་གི་འགོ་འཛིན་པར་བདམས། ཟླ་ལྔ་པའི་ནང་ལི་སྦྲུང་ཚད་ལྡན་གྱི་ཁ་ལོ་བ་ཞིག་ཏུ་གྱུར་རྗེས། ལྷིང་ལོག་གཉིས་པའི་བཅུ་ལོག་བཞི་པར་མངགས་ཤིང་། རླངས་འཁོར་ཨང་རྟགས་༡༣པ་དེ་སྐྱོང་ནས་འཇུགས་སྐྲུན་ལས་གྲྭའི་ས་ཡུལ་དངོས་ལ་བཏང་། རང་ཉིད་ཀྱི་ལས་གནས་ལ་ལི་སྦྲུང་གིས་གཅེས་སྐྱོང་ཚད་མེད་བྱས་ཤིང་། ནམ་ཡང་ཚ་ཚ་འུར་འུར་གྱི་རྣམ་འགྱུར་བཟུང་ནས་རང་ཉིད་ཀྱི་སྤྲོ་སེམས་དང་ནུས་པ་ཡོད་ཚད་ལེགས་སྐྱེས་སུ་ཕུལ། དེ་ནི་ལི་སྦྲུང་གི་བཀའ་མོལ་ལྟར་ན། ནམ་ཡང་རྒྱལ་ཁབ་ཀྱི་ཆང་པ་མི་འཐེན་ཞེས་པ་དེ་རེད།

ལི་སྦྲུང་གིས་འདི་ལྟར་དྲོ་སྐྱིད་རང་གི་གཏམ་གྱི་མི་ལ་སྟེར་བ་དང་། མེ་ལྕེ་ལྟར་གྱི་སྤྲོ་སེམས་འཁོལ་པོས་བྱ་བ་སྒྲུབ་པ། ཁོང་གིས་རང་ཉིད་ནི་མེས་རྒྱལ་འཛུགས་སྐྲུན་བྱེད་པའི་སོ་ཕག་ལྟ་བུ་ཞིག་ལ་ངོས་འཛིན་བྱེད་ཀྱི་ཡོད་ལ་མེས་རྒྱལ་གྱི་ས་ཆ་གང་དུ་དགོས་མཁོ་ཡོད་ཚེ་ཁོང་དེ་

རྒྱ་འགྲོ་ཡི་ཡོད།

ང་ཚོའི་སློབ་གྲྭ་འབྲིང་ཆུང་གི་སློབ་མ་ནི་རྒྱལ་ཁབ་དང་མི་རིགས་ཀྱི་མ་འོངས་པ་ཡིན་པས། ལེ་སྦྱར་གི་ལས་གཅིས་ལས་བརྩོན་གྱི་སྙིང་སྟོབས་ལ་སློབ་སྦྱོང་བྱེད་པར་སློབ་གྲྭ་འགྲིམ་དུས་སློབ་མ་ཞིག་གི་རང་འཁྲིའི་ལས་དོན་ནི་སློབ་སྦྱོང་ཡག་པོ་བྱེད་པ་དང་། སློབ་ཁྲིད་ལ་ནན་ཏན་དང་ཉན་པ། སློབ་ཚན་གྲོལ་རྗེས་དུས་ཐོག་ཏུ་དགེ་རྒན་གྱིས་བཀོད་སྒྲིག་བྱས་པའི་སྦྱོང་ཚན་ལེགས་གྲུབ་ཡོང་བ་བྱེད་པ། ཁྱིམས་སྲུང་དང་སློབ་སྦྱོང་བྱས་ཏེ་རྒྱུན་ཆད་མེད་པར་མདུན་སྐྱོད་བྱེད་དགོས།

ནམ་ཡང་བརྗེད་མི་རུང་བའི་གཏམ་གཞིར། ✧

ལེ་སྦྱར་གིས་རྒྱལ་ཁབ་ནི་རྒྱུན་ཆད་མེད་པར་འཕོར་སྐྱོད་བྱེད་པའི་འཕྲུལ་འཁོར་ཆེན་པོ་ཞིག་ཏུ་བསྒྱེ་བ་དང་། སྐྱེ་བོ་རེ་རེ་ནི་འཕྲུལ་ཆས་དེའི་སྟེང་གི་གཅུས་གཟེར་ལྟ་བུ་ཞིག་ཡིན་པས་མི་ཚང་མས་ནུས་པ་མི་འདྲ་བ་རེ་འདོན་གྱི་ཡོད། ཚང་མས་རང་ཉིད་ཀྱི་ལས་གནས་བརྟན་པོར་བསྲུངས་ནས་སྤྱི་ཚོགས་དང་མཉམ་སྡེབ་ཀྱིས་རང་ཉིད་ལ་སྤྲད་པའི་འགན་འཁྲི་དང་ལས་འགན་ལེགས་གྲུབ་ཡོང་བ་བྱེད་དགོས།

ལེ་སྦྱར་རླབས་ཆེན་ཡིན་པ་ནི་ཁོང་གིས་དཀྱུས་མའི་འཚོ་བའི་ཁྲོད་སྐད་གྲགས་མེད་པར་ལེགས་སྐྱེས་ཕུལ་བ་དང་དེ་ཉིད་རྒྱུན་འཁྱོངས་བྱས་པས་མཚོན་ཞིང་། ཁོང་གི་གཟེངས་སུ་ཐོན་པའི་གྲུབ་འབྲས་ནི་ཁོང་གིས་ལས་གནས་དཀྱུས་མའི་ཐོག་རང་འགན་གཙང་སྒྲུབ་བྱས་པ་དང་། བྱས་ཡུས་མེད་པར་སྤྱི་ཚོགས་དང་མཉམ་སྡེབ་ཀྱིས་ཁོང་ལ་སྤྲད་པའི་འགན་འཁྲི་དང་ལས་འགན་དག་བསྒྲུབ་པ་ལས་བྱུང་བ་ཡིན།

ཐེངས་ཤིག་ལེ་སྦྱར་དང་གྲང་རྒྱའུ་ཅི་གཉིས་གྲོང་གསེབ་ཏུ་རྟོག་ཞིབ་བྱེད་པར་འགྲོ་སྐབས། ཁོང་གིས་ས་སྟེང་དུ་གཅུས་གཟེར་ཞིག་ཡོད་པ་མཐོང་མ་ཐག་རྐང་པས་ཕར་འབུད། དེ་གྲང་རྒྱའུ་ཅིས་མཐོང་བ་དང་ལེ་སྦྱར་ལ་སྐྱོན

བརྫོད་བྱས་ཤིང་ཁོང་གིས་གཅུས་གཟེར་དེ་གཙང་མར་ཕྱིས་ཏེ་སྟོད་ཐུང་གི་ཨམ་ཕྲག་ནང་བླུགས།

ཉིན་གཉིས་པར་ཡང་རྒྱའུ་ཅིས་ལེ་ཧྥུང་ལ་ཡིག་སྐོགས་ཤིག་སྤྲད་ཅིང་། ཁོང་ལ་དེའི་ནང་གང་བླུགས་ཡོད་མེད་མ་བཤད་པར་འཁྲིན་ཡིག་དེ་འཕྲུལ་ཆས་ཉམས་གསོ་ཁང་དུ་སྐྱེལ་བར་བཏང་། བཟོ་གྲྭར་སླེབས་སྐབས་བཟོ་གྲྭའི་འགོ་འཛིན་གྱིས་ཡིག་སྐོགས་ཁ་ཕྱེ་ནས་བལྟས་པས་དེའི་ནང་དུ་གཅུས་གཟེར་གཅིག་ལས་མེད། བཟོ་གྲྭའི་འགོ་འཛིན་གྱིས་གཅུས་གཟེར་དེ་བཟུང་ནས་བསམ་བློ་ཡུན་རིང་བཏང་། ལེ་ཧྥུང་ཡང་ཡུད་ཙམ་རིང་སེམས་ཉིའི་དྲ་བར་ཚུད། དེ་རྗེས་བཟོ་གྲྭའི་འགོ་འཛིན་གྱིས་འཁོར་ཁང་གི་གྲུའུ་རེན་དང་བློ་མཐུན་གཞན་པ་ཚོ་དེར་འབོད་དེ། ཚང་མས་མཐོང་བྱུང་ངམ། གསར་དུ་ཡོད་པའི་བློ་མཐུན་ཆུང་ཆུང་འདིས་རང་ཉིད་ངོ་མས་གཅུས་གཟེར་ཆུང་ཆུང་ཞིག་ང་ཚོའི་བཟོ་གྲྭའི་ནང་དུ་སྐྱེལ་བར་སླེབས་སོང་། འདི་འདྲའི་ཧུར་བརྩོན་དང་གྲོན་ཆུང་། ཐུན་མོང་གི་རྒྱུ་ནོར་ལ་གཅེས་འཛིན་བྱེད་པའི་སྙིང་སྟོབས་དེར་ང་ཚོས་སློབ་སྦྱོང་བྱེད་འོས་པ་ཞིག་རེད་ཅེས་བཤད་པས་ལེ་ཧྥུང་ཅུང་ཁ་སྐྱེངས་ཏེ་གདོང་ཡང་དམར་པོར་གྱུར།

ཉིན་གསུམ་པར་དོན་དག་འདིས་རྐྱེན་ལེ་ཧྥུང་གིས་རང་ཉིད་ཀྱི་ཞན་ཆ་ངོས་འཛིན་བྱུང་བ་དང་། རྗེས་ཕྱོགས་ཀྱི་བྱ་བར་སྤྱར་བས་བློ་ནུས་གང་ཡོད་འདོན་པར་ཡིད་ཆེས་དང་རེ་བས་ཁེངས།

ལེ་ཧྥུང་ལས་གནས་གང་ཞིག་ཏུ་གནས་ཀྱང་རང་འགན་གཙང་སྲུབ་ཀྱི་མི་ཚེའི་བླང་

བྱ་སེམས་ལ་ངེས་ཏེ་རང་ཉིད་ཀྱི་ལས་ཀ་སྒྲུབ་ཀྱི་ཡོད། འཚོ་བ་དངོས་ཀྱི་ཁྲོད་ང་ཚོས་གཙུས་གཟེར་གྱི་སྙིང་སྟོབས་ལ་སློབ་སྦྱོང་བྱེད་ཅེས་པ་སློབ་མ་ཞིག་གི་ངོས་ནས་བརྗོད་ན་སློབ་སྦྱོང་ལ་འབད་བརྩོན་དང་། ཉིན་བཞིན་ཡར་རྒྱས་ཡོང་བར་བརྩོན་ལེན་བྱས་ཏེ། ཡ་རབས་དང་གུས་ཞབས་ལྡན་པའི་སློབ་མ་བཟང་པོ་ཞིག་བྱེད་པ། ཕ་མ་དང་དགེ་རྒན་ལ་གུས་བཀུར་དང་། སློབ་གྲོགས་གཞན་དག་དང་མཐུན་སྒྲིལ་མཛའ་བརྩེ་བྱས་ཏེ་འཆམ་མཐུན་མཉམ་གནས་བྱེད་པ། རང་གི་ནུས་པས་ལྕོགས་ཚོད་ཀྱིས་ཁྱིམ་ལས་བྱེད་རོགས་བྱས་ནས་ཕ་མའི་དཀའ་ངལ་ལ་བསམ་ཤེས་བཅས་བྱས་ཏེ་ཕྱོགས་ཡོངས་ནས་ཡར་རྒྱས་ཡོང་བར་འབད་དགོས།

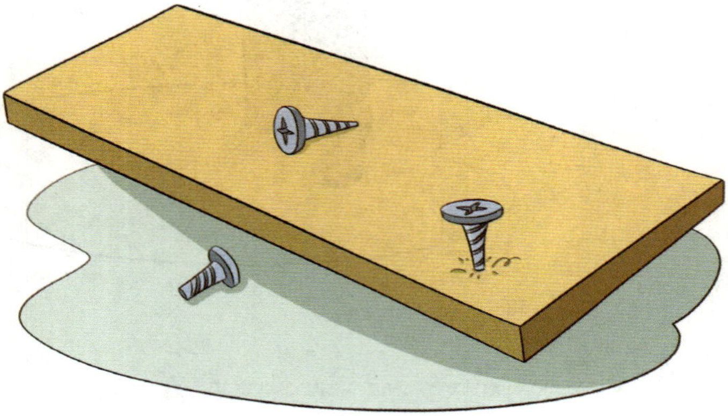

ལེའུ་དྲུག་པ།

ཡི་རྒྱུད་ལ་སློབ་སྦྱོང་དང་ལེ་རྒྱུད་གི་སྙིང་སྟོབས་དར་སྤེལ་གཏོང་བ།

དུས་རབས་ཕྱེད་ཀ་ལྷག་ཙམ་འདས་ཟིན་ཀྱང་ལེ་ཐུང་ནི་དུས་རབས་དང་རིང་དུ་གྱེས་མེད་ཅིང་། ཁོང་གི་མཚན་སྙན་ཇི་ལྟར་བཞིན་ཉི་འོད་དང་འདྲ་བར་མི་རྣམས་ཀྱི་སེམས་ལ་དྲོ་སྐྱིད་སྟེར་བཞིན་ཡོད། སློབ་གྲྭ་འབྲིང་ཆུང་གི་སློབ་མས་ལེ་ཐུང་ལ་སློབ་སྦྱོང་བྱེད་པའི་བྱེད་སྒོ་དུར་ཐག་སྤེལ་ནས་ལེ་ཐུང་གི་སྙིང་སྟོབས་དར་སྤེལ་བཏང་སྟེ་ཕྱོགས་ཡོངས་ནས་འཕེལ་རྒྱས་འགྲོ་བའི་མི་རབས་གསར་པ་ཞིག་བྱེད་དགོས།

ང་ཚོ་ནམ་ཡང་ལེ་ཐུང་གི་སྙིང་སྟོབས་ལ་སློབ་སྦྱོང་བྱེད་པའི་ལམ་དུ་ཡོད།

དེང་གི་དུས་རབས་འདིར་ལེ་ཐུང་གི་སྙིང་སྟོབས་ལ་ང་ཚོས་ཇི་ལྟར་བཞིན་སློབ་སྦྱོང་བྱེད་རིན་ཡོད་པ་མ་ཟད། ལེ་ཐུང་གི་སྙིང་སྟོབས་འདི་ནམ་ཡང་དུས་ཚོད་ཡོལ་མི་སྲིད་པ་ཞིག་རེད། སློབ་གྲྭ་འབྲིང་ཆུང་གི་སློབ་མ་ཞིག་ཡིན་པའི་ངོས་ནས་ལེ་ཐུང་གི་སྙིང་སྟོབས་འདི་མི་རབས་ནས་མི་རབས་བར་རྒྱུན་འཛིན་བྱེད་དགོས་པ་དང་། ལེ་ཐུང་གི་སྙིང་སྟོབས་ལ་སློབ་སྦྱོང་བྱ་རྒྱུ

ནི་ང་ཚོའི་དོར་ཐབས་མེད་པའི་འགན་འཁྲི་དང་འོས་འགན་ཞིག་ཏུ་བརྩི་དགོས།

ལེ་ཧྥུང་ཞེས་པའི་ཡིག་འབྲུ་གཉིས་མཐོང་ཚེ། ང་ཚོས་སྤྱི་ཕན་ལ་དགའ་བ་དང་། རོགས་རམ་བྱེད་རྒྱུར་དགའ་བ། དབུལ་སྐྱོར་དགའ་སེལ། བདེན་པའི་རྒྱབ་ལངས། གཞན་ལ་བྱམས་སྐྱོང་། སྤྱི་ཚོགས་ལ་ལེགས་སྐྱེས་འབུལ་བ་སོགས་ཀྱི་ཕུལ་བྱུང་གཤིས་རྒྱུད་ཅིག་བློ་ངོར་འཆར་སྲིད།

ཉིན་ཞིག་ལི་ནཱ་སྤྱི་སྤྱོད་རླངས་འཁོར་དུ་སྡོད་སྐབས། འགྲུལ་པ་མེད་པའི་རྐུབ་སྟེགས་ཤིག་གི་ཐོག་ནས་དཔེ་ཁུག་ཅིག་རྙེད། དཔེ་ཁུག་གི་བདག་པོ་དེ་ཧ་ལམ་རླངས་འཁོར་ནས་བབས་ཚར་བ་འདྲ་ མོས་དཔེ་ཁུག་ནང་གི་དངོས་པོ་དེ་དག་བདག་གིར་མ་བྱས་པར། ཐབས་ཤེས་གང་ཡོད་བཏོན་ནས་བདག་པོ་དང་འབྲེལ་ཐབས་བྱས་མཐར། དཔེ་ཁུག་ནང་ནས་ཁ་པར་ཨང་གྲངས་ཤིག་རྙེད། དེ་ཚུར་མོས་ཁ་པར་བརྒྱབ་སྟེ་དཔེ་ཁུག་བདག་པོར་སྤྲད་པ་རེད། དཔེ་ཁུག་གི་བདག་པོས་མོར་དྲིན་ལན་འཇལ་འདོད་ཀྱི་རེ་བ་བཏོན་ཀྱང་མོས་དང་ལེན་བྱས་མེད།

ལེ་ཧྥུང་གི་སྙིང་སྟོབས་ཀྱི་སྐུལ་ལྕག་དང་ཤུགས་རྐྱེན་འོག་ང་ཚོའི་ཉེ་འགྲམ་དུ་ལེ་ཧྥུང་གསར་པ་ཟམ་མི་ཆད་པར་ཐོན་པ་དང་། ཁོང་ཚོའི་ལུས་ཐོག་ནས་ཀྱང་རྣམ་མི་རིགས་ཀྱི་སྲོལ་རྒྱུན་སྤྱོད་བཟང་གི་འོད་སྟོང་འཕྲོ་འོང་། ཁོང་ཚོ་ནི་དུས་རབས་ཀྱི་མིག་དཔེ་དང་དཔེ་མཚོན་ཡིན་ལ་ང་ཚོས་སློབ་སྦྱོང་བྱ་བར་འོས་པའི་མིག་དཔེ་ཉག་ཅིག་ཀྱང་ཡིན།

ལེ་ཧྥུང་ལ་སློབ་སྦྱོང་དང་དུས་བསྟུན་དང་མཐུན་སྤྱོད་བྱེད་པ།

ལེ་ཧྥུང་གིས་རང་གི་ཚེ་སྲོག་ལ་བརྟེན་ནས་རང་ཉིད་ཀྱི་དམ་བཅའ་མངོན་འགྱུར་བྱས་ཡོད་དེ། ཚད་ཡོད་ཀྱི་ཚེ་སྲོག་དེ་ཚད་མེད་ཀྱི་མི་དམངས་ལ་ཞབས་འདེགས་ཞུ་བའི་ཁྲོད་དུ་ལེགས་སྐྱེས་ཕུལ་ཡོད། མིག་དཔེའི་སྟོབས་ཤུགས་ནི་རྫོགས་མཐའ་མེད་པ་ཡིན་པས། ལེ་ཧྥུང་གི་སྙིང་སྟོབས་ཀྱིས་དུས་རབས་ཧྲིལ་པོར་སྐྱེ་སྟོབས་ཀྱི་དཔལ་འབར་དུ་བཅུག་ཡོད།

ཀུའོ་མིན་དབྱིས་དམག་མི་ལོ་ལྔ་ཙམ་ལས་བྱས་མེད་ཀྱང་། ཁོ་པས་བྱ་བ་བཟང་པོ་བསྒྲུབས་པ་ནི་བགྲང་ལས་འདས། ཀུའོ་མིང་དབྱི་དམག་མིར་ཞུགས་པའི་དམག་དཔུང་དེ་བྱང་ཤར་གྱི་གྲོག་རོང་ཞིག་ཏུ་གནས་བཅའ་ཡོད། དགུན་ཁ་སླེབས་སྐབས་ས་ཆ་དེ་གའི་གནམ་གཤིས་ཧ་ཅང་གྲང་མོ་ཡོད་ཀྱང་། ཀུའོ་མིང་དབྱིས་ཉིན་ལྟར་ནམ་མ་ལངས་གོང་ནས་མལ་ལས་ལངས་ཏེ་གྲང་ངར་ལ་མ་འཇེམས་པར་ཕྱི་རོལ་དུ་ཆུ་ལེན་པར་འགྲོ་ཡི་ཡོད། ས་དོས་སུ་འཁྱག་པ་ཐེབས་པའི་རྐྱེན་གྱིས་འདྲེད་བརྡབ་ཤོར་ཉེན་ཆེ་ཞིང་། ཆུ་ལེན་པའི་སྐབས་ཆུ་ཟོམ་ནང་གི་ཆུ་གྱོན་པའི་ཕྲོག་པོ་མ་ཐག་ལམ་སེང་འཁྱགས་པ་རྒྱུག་གི་ཡོད།

ཀུའོ་མིང་དབྱི་ཡིས་དེ་ལྟར་རང་གིས་བྱས་པའི་ལས་ཀར་སྡུག་ཡུས་སྤྲུ་ཙམ་མེད་པར་དཔུང་སྡེའི་ཆེད་དུ་ལེགས་སྐྱེས་འབུལ་བཞིན་ཡོད། ཆུ་ཟོམ་ནང་ཆུ་བཀངས་ཚར་རྗེས་དལ་གསོ་མེད་པར་བྲེལ་འཚུབ་དང་བུད་ཤིང་གཅོད་པ་དང་། ཐབ་ལས་བྱེད་པ། ཆུ་སྐོལ་བ་སོགས་ཀྱི་ལས་ཀ་བྱེད་ཀྱི་ཡོད་པས། ཁོ་པའི་འཐབ་གྲོགས་ཚོ་མལ་ལས་ལངས་མ་ཐག་ཆུ་ཚ་པོ་བེད་སྤྱོད་གཏོང་ཆོག་ཆོག་ཡོད། ད་དུང་རང་གི་བཅུ་ཤོག་གི་བྱ་བ་ཚང་མ་བསྒྲུབས་ཚར་རྗེས། བཅུ་ཤོག་གཞན་པར་སོང་ནས་རོགས་རམ་བྱེད་ཀྱི་ཡོད། དེ་ལྟར་ཕྱིང་ཤོག་གཅིག་གི་བྱ་བ་ཚང་མ་རྟག་པར་ཁོ་པ་མི་གཅིག

གིས་སློབ་ཀྱི་ཡོད།

ཀུའོ་མིང་དབྱི་ནི་དེང་རབས་ཀྱི་ལེ་ཧྥུང་ཡིན་ཞེས་བརྗོད་ཆོག །ཁོང་གིས་སྒེར་སེམས་སྤུ་ཙམ་མེད་པར་རང་ཉིད་ཀྱི་ལང་ཚོ་ལེགས་སྐྱེས་སུ་ཕུལ་ནས་སྒེར་གྱི་ཁེ་གྲོང་ལ་མི་བལྟ་བར་མེས་རྒྱལ་དང་མི་དམངས་ཀྱི་ཁེ་ཕན་ཨང་དང་པོར་བཞག་སྟེ། མེས་རྒྱལ་དར་རྒྱས་གོང་འཕེལ་ཡོང་ཆེད་རང་ཉིད་ཀྱི་སྟོབས་ཤུགས་ལེགས་སྐྱེས་སུ་འབུལ་བཞིན་ཡོད།

ང་ཚོའི་སློབ་གྲྭ་འབྲིང་ཆུང་གི་སློབ་མས་ལེ་ཧྥུང་གི་སྙིང་སྟོབས་ལ་སློབ་སྦྱོང་བྱེད་པར་ངེས་པར་དུ་དུས་བསྟུན་འཕེལ་རྒྱས་དགོས་པ་ལས། ཕྱི་ཚུལ་ཙམ་དང་བརྒྱུད་རིམ་ཙམ་དུ་མི་འགྱུར་བ་བྱེད་དགོས་ལ། ལེ་ཧྥུང་གི་སྙིང་སྟོབས་ཀྱི་ངོ་བོ་དང་ནང་དོན་དངོས་ཁོང་དུ་ཆུད་པར་བྱེད་དགོས། འདི་ལྟར་བྱས་ན། ད་གཟོད་ལོ་རྒྱུས་ཀྱི་ཆ་རྐྱེན་གསར་པའི་འོག་ལེ་ཧྥུང་གི་སྙིང་སྟོབས་བཀོལ་སྤྱོད་དང་འདོན་སྤེལ་གང་ལེགས་བྱེད་ཐུབ་ལ། དངོས་ཡོད་ཀྱི་ཁོར་ཡུག་ཁྲོད་ལེ་ཧྥུང་ལ་སློབ་སྦྱོང་བྱས་ནས་བྱ་བ་བཟང་པོའང་བསྒྲུབ་ཐུབ།

ཉེ་འགྲམ་གྱི་དོན་ཆུང་ཡག་པོ་སྒྲུབ་ངེས་པ།

རླབས་ཆེན་ནི་སྤྱིར་བཏང་ལས་བྱུང་བ་ཞིག་རེད། ལེ་ཧྥུང་གིས་སྒྲུབ་པའི་ལས་བཟང་ཚང་མ་ཉེ་འགྲམ་དུ་ཡོད་པའི་སྤྱིར་བཏང་གི་བྱ་བ་ཆུང་ཙག་ཤ་སྟག་ཡིན་པ་དང་། ཁོང་གང་དུ་ཕེབས་ཀྱང་བྱ་བ་བཟང་པོ་མང་དག་ཅིག་སྒྲུབ་ཀྱི་ཡོད། ཚང་མས་ཁོང་ལ་འདི་ལྟར་བརྗོད་དེ་ལེ་ཧྥུང་གཞུང་དོན་དུ་ལི་དབར་ཐིག་སྟོང་བསྐྱོད་ཚེ་བྱ་བ་བཟང་པོ་མེ་འཁོར་གང་བསྒྲུབས་ངེས་ཡིན་ཞེས་བསྔགས་བརྗོད་བྱེད་ཀྱི་ཡོད། ལས་བཟང་གཅིག་བསྒྲུབ་རྒྱུ་ནི་ཧ་ཅང་ལས་སླ་མོད། འོན་ཀྱང་ཚེ་གང་ལས་བཟང་བསྒྲུབ་རྒྱུ་ནི་ཧ་ཅང་ཁག་པོ་རེད། འོན་ཏེ་ལེ་ཧྥུང་གིས་སྐུ་ཚེ་ཧྲིལ་པོར་ལས་བཟང་བསྒྲུབས་ཡོད་པ་རེད།

ཐེངས་ཤིག་ལེ་ཧྥུང་དང་འཐབ་གྲོགས་གསར་པ་རྣམས་མཉམ་དུ་ས་ཆ་གསར་པ་ཞིག་ཏུ་སྦྱོང་བརྡར་ལ་བསྐྱོད། མེ་འཁོར་བབས་མ་ཐག་ཟ་ཟུང་བ་ཐོས་པ་དང་། དེ་ནི་ཏག་ཏག་དམག་མི་གསར་པ་སླེབས་པར་དགའ་བསུ་ཞུ་བའི་

བྱེད་སྒོ་རེད་འདུག །དམག་གསར་རྣམས་ཕར་སོང་མ་ཐག་དམག་དཔུང་གི་དབུ་ཁྲིད་དང་བློ་མཐུན་གཞན་དག་གིས་འཕྲལ་དུ་ལེ་ཧྥུང་ལ་དགའ་བསུ་ཞུ་བཞིན་ཁོང་ཚོ་རེ་རེ་བཞིན་ཕྱག་བཏང་སྟེ་སྤྲོ་སེམས་འཁོལ་བའི་ངང་ནས་ཁོང་ཚོར་དགའ་བསུ་དང་སྟེ་ལེན་ཞུས།

ལེ་ཧྥུང་སྐྱེལ་འདྲེན་ལྡིང་ཤོག་གི་དམག་མི་གསར་པའི་གྲལ་དུ་བསྡུས་ཤིང་། ཅང་མ་འགོར་བར་དམག་དོན་སྤྱོད་བཏར་བྱེད་འགོ་བརྩམས། ལེ་ཧྥུང་ཡོད་སའི་བཅུ་དཔོན་ནི་དཀའ་སྤྱད་འབད་བརྩོན་བྱེད་མཁན་གྱི་བློ་མཐུན་ཞིག་ཡིན་ཞིང་། ཁོང་གིས་ལེ་ཧྥུང་གཟུགས་པོ་ཆུང་ལ་ནུས་ཤུགས་ཞན་པས་སྦྱོང་བརྡར་བྱེད་མི་ཐུབ་པར་སེམས་ཁྲལ་བྱེད་ཀྱི་ཡོད། བཅུ་ཤོག་གི་ཚོགས་འདུའི་སྐབས་ཁོང་གིས་ལེ་ཧྥུང་ལ་ག་ལེར། ཞོ་ལེ། ང་ཚོ་གསར་བརྗེའི་འཐབ་འཛིང་པ་རྣམས་ནི་ཕན་ཚུན་རོགས་རམ་བྱེད་མཁན་ཤ་སྟག་ཡིན་པས། ཁྱོད་ལ་དཀའ་ངལ་ཅི་ཞིག་ཡོད་རུང་གོང་ཞུ་བྱེད་པ་ལས། རང་ཉིད་གཅིག་པུས་ཨུ་ཚུགས་ཀྱིས་སྡུག་རུས་བྱེད་མི་རུང་ཞེས་བཤད་པར། ལེ་ཧྥུང་གིས་དགའ་སྤྲོའི་ངང་། བློ་བདེ་པོ་གནང་། བཅུ་དཔོན་ལགས། ང་ལ་དཀའ་ངལ་ཅི་ཡང་མི་འདུག་ཅེས་ལན་བཏབ།

འོན་ཀྱང་བཅུ་དཔོན་མགོ་ན་དགོས་པ་ཞིག་ལ་ལག་འབེམ་འཕེན་པའི་སྦྱོང་བརྡར་བྱེད་སྐབས་ལག་འབེམ་འདི་ལེ་ཧྥུང་གི་ལག་ཏུ་ཅུང་ལྡིད་པོར་མངོན། ཉིན་འགའི་རིང་ཁོང་གིས་ནུས་ཤུགས་ཡོད་རྒྱུ་བཏོན་ནས་འཕེན་ཡང་རྒྱུགས་མ་འཁྱོད། རྗེས་ལ་ཡང་བསྐྱར་ཐེངས་གཅིག་འཕེན་ཡང་ད་དུང་རྒྱུགས་མ་འཁྱོད། བཅུ་དཔོན་གྱིས་ཁོང་ལ་ལག་འབེམ་འཕེན་སྟངས་ཀྱི་གནད་འགག་ཐེངས་མང་བསླབས་པ་དང་། ཁོང་གིས་ཀྱང་སྔ་དྲོ་གཅིག་རིང་སྦྱོང་བརྡར་བྱས་ཏེ་དཔུང་པ་ན་ན་འཕེན་ཡང་ད་དུང་རྒྱུགས་མ་འཁྱོད།

ཁོང་གིས་སྔར་ལས་ལྷག་པའི་སྒོ་ནས་སྦྱོང་བརྡར་ནང་ཞུགས་ཡོད་དེ་ངལ་གསོའི་དུས་ཚོད་ཡོད་ཚད་བེད་སྤྱད་དེ་སྦྱོང་བརྡར་བྱ་ཡི་ཡོད་ཅིང་། ཚད་གཞིར་མ་སླེབས་བར་བློས་གཏོང་གཏན་ནས་མི་བྱེད་པའི་ཐག་ཆོད་ཡོད་པ་རེད།

དེ་ལྟར་ཡང་སྐོར་བསྐྱར་སྐོར་ཉིན་ཁ་ཤས་བརྒྱུད་མར་སྦྱོང་བརྡར་བྱས་ཀྱང་ཡར་ཐོན་ཡོང་རྒྱུ་ཕར་བཞག །དེ་ལས་ལྡོག་སྟེ་ལག་འབེམ་དེ་རང་ཉིད་དང་དེ་ཉེར་གྱུར། དེའི་རྐྱེན་གྱིས་ལེ་ཧྥུང་དངངས་སྐྲག་ལངས་ཏེ་གཉིད་ཀྱང་ཁུག་མ་ཐུབ་ལ་ཟས་ཀྱང་བྲོ་བ་མེད་པར་གྱུར། བཅུ་དཔོན་གྱི་སློབ་ཁྲིད་ཁྲིད་ལག་འབེམ་ཐག་རིང་པོར་འཕེན་འདོད་ཚེ་ངེས་པར་དུ་དཔུང་ཤེད་ལ་བརྟེན་དགོས་པ་གསུང་པས། ཁོང་གིས་ལག་འབེམ་འཕེན་པ་དང་ལྟུགས་རྩེད་སྟེང་དཔུང་ཤེད་སྦྱོང་བ་གཉིས་རེས་མོས་ཀྱིས་སྦྱོང་བརྡར་བྱས། དེའི་རིང་གནམ་གཤིས་གྲང་ངར་ཆེ་ཞིང་གྲང་རླུང་རུས་པར་ཟུག

ཀྱང་སྣང་མེད་ཁོ་ནར་བཏང་།

ལག་འཁོར་དངོས་སུ་འཕེན་སྐབས་ལེ་ཧྥུང་གིས་ལྕགས་ཀྱི་ཨ་ལོང་སྣེ་སྒྲི་ཏེ་འཐེན་ནས་ཤུགས་ཆེན་པོས་གཡུགས་པས། འཁོར་ཟེར་བའི་སྒྲ་ཐོས་པ་དང་བསྟུན་ལག་འཁོར་དེ་ཏག་ཏག་དགྲ་བོའི་བཙན་རྫོང་ནང་དུ་འཕེན་ཐུབ་པ་བྱུང་བས། ཕུལ་བྱུང་གི་མིང་རྟགས་ཀྱང་ཐོབ་པ་རེད།

ལེ་ཧྥུང་ནི་འདི་ལྟར་དཀའ་ངལ་གྱི་མདུན་དུ་ནམ་ཡང་ཞུམ་པ་མེད་པའི་བློ་མཐུན་ཞིག་ཡིན་པས། ཕམ་ཁ་དང་རྗེས་ལུས་ཐེབས་འདོད་མེད། ལེ་ཧྥུང་གིས་རྟག་ཏུ་རང་ཉིད་ལ་སྐུལ་མ་འདི་ལྟར་གཏོང་གི་ཡོད་དེ། ལས་ཀ་བྱེད་སྐབས་ཧུར་བརྩོན་ཆེ་ཤོས་ཀྱི་བློ་མཐུན་ལ་མིག་དཔེ་བལྟ་བ་དང་། འཚོ་བ་ནི་ཆུ་ཚད་དམའ་ཤོས་ཀྱི་བློ་མཐུན་ལ་མིག་དཔེ་བལྟ་དགོས་ཞེས་པ་དེ་ཡིན། ལེ་ཧྥུང་ལག་འཁོར་འཕེན་པའི་སྦྱོང་བརྡར་སྐབས་ནན་ཏན་ཚ་པོ་ཡོད་པ་ཙམ་མ་ཡིན་པར། བྱ་བ་ཅི་ཞིག་བསྒྲུབས་ཀྱང་ནན་ཏན་གྱི་རྣམ་འགྱུར་རྒྱུན་འཁྱོངས་བྱེད་ཅིང་། རང་ཉིད་ལ་དཀའ་ངལ་ཅི་ཞིག་འཕྲད་ཀྱང་། ནམ་ཡང་མཉམ་ཉེབ་དང་རྩ་འཛུགས་ཀྱི་རྐང་པ་མི་འཐེན་པ་ནི་ཁོང་གི་འགྱུར་མེད་ཀྱི་གཤིས་རྒྱུད་དྭངས་མ་དེ་འོ། །

ང་ཚོའི་སློབ་གྲྭ་འབྲིང་ཆུང་གི་སློབ་མས་ལེ་ཧྥུང་ལ་སློབ་སྦྱོང་བྱས་ཏེ་ཉེ་འགྲམ་གྱི་བྱ་བ་ཆུང་ཙག་དག་ཀྱང་ཡག་པོ་སྒྲུབ་དགོས་པ་མ་ཟད། རྒྱུན་འཁྱོངས་ལྷོད་མེད་དང་སློབ་སྦྱོང་ཐད་རྒྱུན་ཆད་མེད་པར་ཡར་བརྩོན་བྱས་ཏེ། ཕུལ་བྱུང་གི་གྲུབ་འབྲས་ཐོབ་ནས་ང་ཚོར་གཅེས་སྐྱོང་གནང་མཁན་གྱི་དྲིན་ཅན་ཕ་མའི་དྲིན་ལན་འཇལ་དགོས་པ་དང་། ང་ཚོའི་ཆེད་དུ་དཀའ་སྤྱད་འབད་འབུངས་གནང་མཁན་གྱི་རྒན་ལགས་རྣམ་པའི་དྲིན་ལན་འཇལ་ཏེ་ཁོང་ཚོའི་དཀའ་སྤྱད་ངལ་རྩོལ་ཆུད་ཟོས་སུ་མི་འགྲོ་བ་བྱེད་དགོས། གྲུབ་འབྲས་ལེགས་པོ་ཐོབ་ཚེ་ང་རྒྱལ་དང་ཁེངས་དྲེགས་བྱེད་མི་རུང་བར་བསྐྱོད་བརྡུགས་ཀྱི་མདུན་དུ་ཁེངས་སྐྱུང་བྱ་དགོས་ཤིང་། རང་གིས་རང་ལ་རེ་བ་སྤར་བས་མཐོ་བ་འདོན་ཐུབ་པ་དང་། ཆུང་དུས་ནས་རླབས་ཆེ་བའི་ཐུགས་འདུན་གཏོད་དེ་དེའི་དོན་དུ་འབད་བརྩོན་ཧུར་ཐག་བྱ་དགོས་སོ།། །།

གཞོན་ནུ་ལོ་ཆུང་གིས་ལེ་ཐྲུང་སྙིང་སྟོབས་ལ་སློབ་སྦྱོང་བྱེད་པའི་སློབ་གསོའི་ལག་དེབ།

གཙོ་སྒྲིག་པ། ཀྲང་ལི།

རྩོམ་སྒྲིག་འགན་འཁུར་བ། ཚེ་དཔག ཀྲོའོ་པའོ་ཞིས།

ཡིག་སྒྱུར། ཚེ་བརྟན་དབང་ཕྱུག

རེབ་གཞིའི་མཛེས་འཆོས་པ། ལྷ་མོ།

དཔེ་སྐྲུན། བོད་ལྗོངས་བོད་ཡིག་དཔེ་རྙིང་དཔེ་སྐྲུན་ཁང་། སྦྲག་ཨང་། 850000
པར་གཞི་རྒྱ་སྦྱོད་ལ་རྟུང་རྡེག་གཏོང་། 0891-6930339

པར་འདེབས་ཚན་པ། སེན་ཧྲོ་གྲོང་ཁྱེར་ཐེང་ཧྲི་པར་འདེབས་ཚད་ཡོད་ཀུང་སི།

བརྒྱུད་འཚོང་། རྒྱལ་ཡོངས་ཞིན་ཧྭ་དཔེ་ཚོང་ཁང་།

དེབ་ཚད། 710mm×1 000mm 1/16

པར་ཤོག 7

པར་གྲངས། 01—3,000

ཡིག་གྲངས། ཁྲི་6.72

པར་གཞི། 2022ལོའི་ཟླ་11པར་པར་གཞི་དང་པོ་བསྒྲིགས།

པར་ཐེངས། 2022ལོའི་ཟླ་11པར་པར་ཐེངས་དང་པོ་བཏབ།

དཔེ་རྟགས། ISBN 978-7-5700-0712-7

རིན་གོང་། སྒོར་28.00